EL GRAN LIBRO
DE LOS
DEPORTES

Textos de
S. Cavenaghi, M. Invernizzi y C. Pelizzoli

Ilustraciones de
Luca Poli

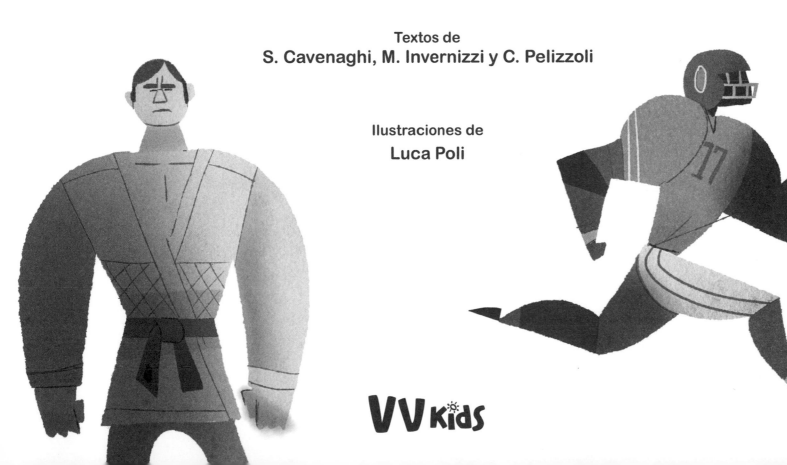

VV kids

PREPARADOS... LISTOS... ¡¡¡YA!!!

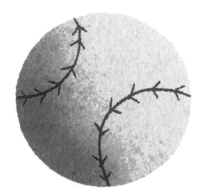

¿Sabías que en una edición de los Juegos Olímpicos se disputó una prueba de natación bajo el agua? ¿O que Messi ha ganado 32 títulos (todos, excepto la Copa del Mundo) y que Michael Phelps es el deportista más condecorado de todos los tiempos? ¿Y que Nadia Comăneci obtuvo el primer diez de la gimnasia artística?

Los deportes no solo son apasionantes y divertidos, sino que, además, tienen una larga historia repleta de anécdotas, curiosidades y destacados protagonistas. Incluso los reglamentos de los distintos juegos y la manera en que han ido cambiando resultan fascinantes. **Cada deporte tiene sus peculiaridades y, precisamente por eso, cada cual puede encontrar el que le resulta más idóneo para empezar a jugar y divertirse.**

Practicar un deporte siempre requiere esfuerzo, pero la satisfacción que se siente al cruzar la meta, meter una canasta, dar la última brazada o introducir la pelota en la red... ¡es realmente incomparable! Los campeones de los que hablaremos aquí lo saben muy bien. Cada cual ha triunfado a su manera, pero todos están de acuerdo en que **LO IMPORTANTE ES EMPLEARSE A FONDO, RESPETAR LAS REGLAS Y AL CONTRINCANTE, DIVERTIRSE Y, POR SUPUESTO, ¡GANAR SIEMPRE QUE SEA POSIBLE!**

¿Y TÚ?
¿TE ANIMAS A SALTAR
AL TERRENO DE JUEGO?

ÍNDICE

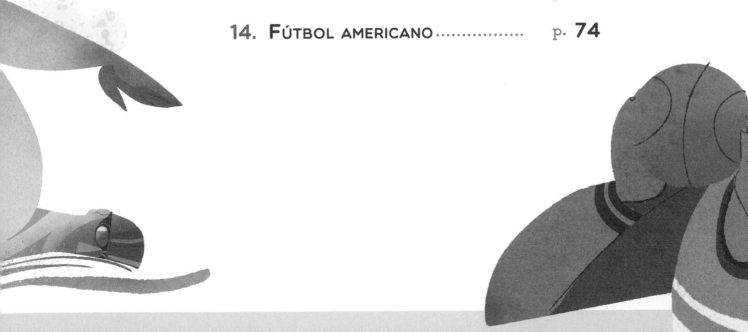

1. FÚTBOL

El fútbol es el deporte más popular del mundo. Según un estudio publicado en 2007, 270 millones de personas lo practican como profesionales o por afición. Esto equivale a un **4% de la población mundial** (¡casi nada!).

Asia es el continente con mayor número de jugadores (85 millones), aunque, en proporción, el fútbol es más popular en Europa, Norteamérica y Sudamérica, donde un 7% de la población lo practica.

Cada equipo consta de **11 jugadores**, aunque también hay variantes con equipos más reducidos (de 5, 7 u 8 jugadores), sobre todo en las categorías de aficionados.

NÚMEROS Y MEDIDAS

- El terreno de juego mide 50 m de ancho y 90 m de largo.
- En partidos internacionales, las medidas son muy estrictas: 64 × 100 m. Las dimensiones máximas que admite el reglamento son 75 × 110 m.
- Las porterías miden 7,32 m de ancho y consisten en dos postes unidos por un travesaño o larguero situado a 2,44 m de altura.
- Los laterales y el fondo de la portería quedan cerrados por una red. La zona delimitada delante de la portería es el área de castigo y es un rectángulo de 40,32 × 16,5 m. El balón es esférico, mide entre 68 y 70 cm de diámetro y pesa entre 410 y 450 g.

REGLAMENTO

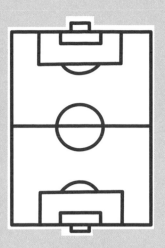

1 Se enfrentan dos equipos en un terreno de juego rectangular. El partido dura **90 minutos** (con dos partes de 45 minutos cada una), más un descanso de 15 minutos y el posible tiempo añadido. Cada equipo trata de controlar el balón con la intención de introducirlo en la portería contraria (es decir, marcar **¡GOOOOOOL!**).

2 El balón puede golpearse con cualquier parte del cuerpo, **excepto los brazos**. Sin embargo, cuando a un equipo se le escapa la pelota por la banda, uno de los jugadores del equipo contrario la lanza con las manos para reintroducirla en el campo. Los porteros siempre pueden usar las manos, pero solo **dentro de su área** y nunca cuando reciben la pelota como resultado de un pase intencionado de un compañero de equipo.

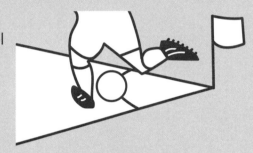

3 Cuando el balón sale de los límites del campo de juego, hay dos opciones. Si el que ha perdido la pelota es el equipo atacante, se concede un **saque de puerta** al equipo defensor. En cambio, si el equipo que ha perdido la pelota es el defensor, el equipo atacante vuelve a introducirla con el pie desde la esquina del campo (lo que se conoce como **córner o saque de esquina**).

4 Cuando un jugador comete **falta** porque empuja a otro o le hace la zancadilla (algo por desgracia bastante habitual), el **árbitro** concede un tiro libre al equipo contrario desde el mismo lugar en el que se produjo la falta. Cuando el jugador atacante recibe una falta dentro del área de castigo contraria, el castigo es un **penalti**. En este caso, el balón se coloca a 11 m de la portería y un jugador lo chuta sin que nadie pueda molestarlo. **¡Es un duelo con el portero!**

5 El árbitro puede sancionar a los jugadores. La **tarjeta amarilla** equivale a un aviso, y las infracciones más serias pueden castigarse con la tarjeta roja, que supone la **expulsión** del jugador amonestado. Dos avisos equivalen a una expulsión.

CURIOSIDADES

Se dice que el fútbol nació en **Inglaterra**, donde en 1857 se fundó el primer club del mundo, el **Sheffield Football Club**.

No obstante, hay pruebas de que desde tiempos antiguos existieron juegos similares en **Japón**, **China**, la **antigua Grecia** y el **Imperio romano**.

Solo cuatro jugadores han marcado gol en cuatro ediciones consecutivas de la Copa del Mundo: **Pelé**, **Seeler**, **Klose** y **Cristiano Ronaldo**. El portugués podría convertirse en el único que ha marcado en cinco ediciones si logra otro gol en el Mundial de Qatar en 2022.

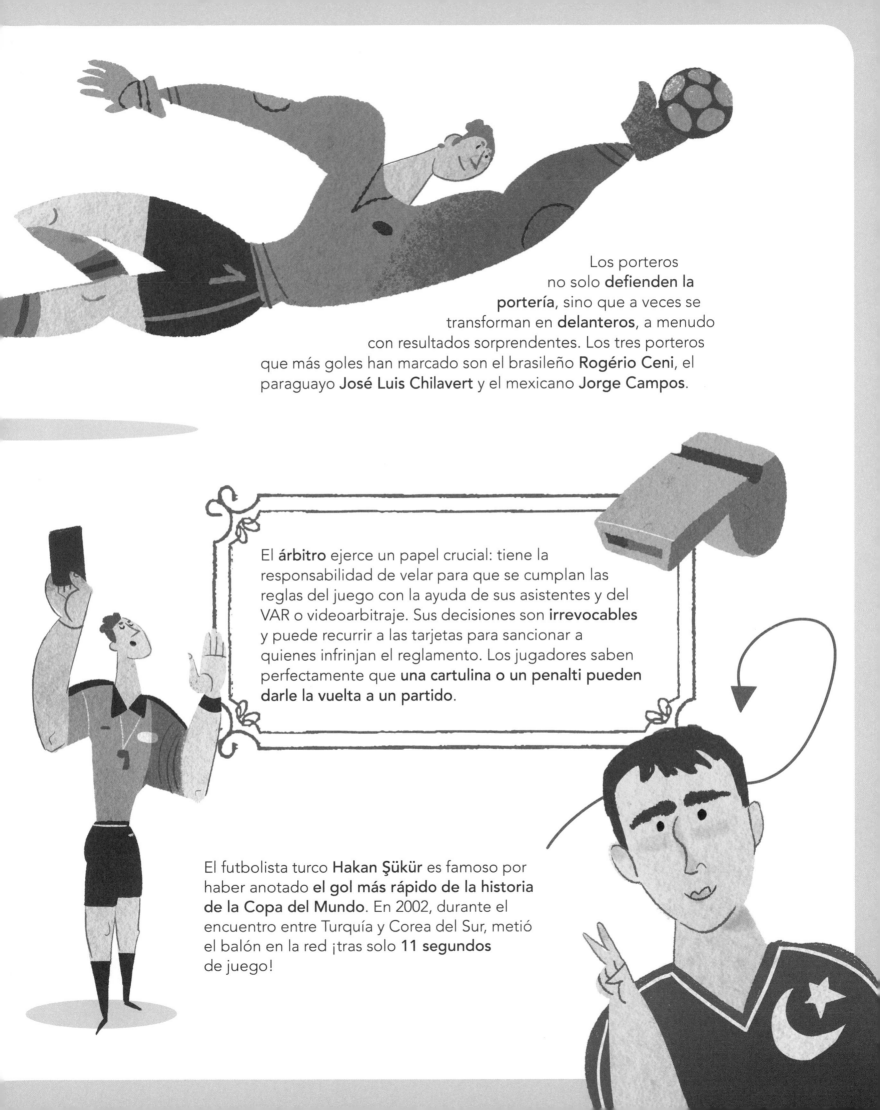

Los porteros no solo **defienden la portería**, sino que a veces se transforman en **delanteros**, a menudo con resultados sorprendentes. Los tres porteros que más goles han marcado son el brasileño **Rogério Ceni**, el paraguayo **José Luis Chilavert** y el mexicano **Jorge Campos**.

El **árbitro** ejerce un papel crucial: tiene la responsabilidad de velar para que se cumplan las reglas del juego con la ayuda de sus asistentes y del VAR o videoarbitraje. Sus decisiones son **irrevocables** y puede recurrir a las tarjetas para sancionar a quienes infrinjan el reglamento. Los jugadores saben perfectamente que **una cartulina o un penalti pueden darle la vuelta a un partido**.

El futbolista turco **Hakan Şükür** es famoso por haber anotado **el gol más rápido de la historia de la Copa del Mundo**. En 2002, durante el encuentro entre Turquía y Corea del Sur, metió el balón en la red ¡tras solo **11 segundos** de juego!

SALÓN DE LA FAMA

PELÉ (1940)

Nacido en Brasil en 1940, Pelé es el gran jugador del siglo XX, **O Rei do Futebol** ('el rey del fútbol'). Es el único jugador que ha ganado **3 Copas del Mundo** (1958, 1962, 1970), el único que ha sido elegido Jugador del Siglo por la FIFA y el único que ha marcado más de **1200 goles**. Ha aparecido en varias películas y fue presidente del Cosmos de Nueva York. Sigue siendo una de las figuras más respetadas del mundo del deporte.

FRANZ BECKENBAUER (1945)

Pocos pueden presumir de haberse inventado una posición en el terreno de juego: Franz, con su forma única de defender, se inventó la de **líbero**. Su apodo, «el Káiser», obedece a su forma de recorrer el campo y organizar el juego. Estas cualidades le permitieron ganar la **Copa del Mundo** primero como capitán y después como entrenador de Alemania Occidental (cuando las dos Alemanias todavía no se habían reunificado).

JOHAN CRUYFF (1947-2016)

Cuando en un documental te llaman «el profeta del gol», puedes tener por seguro que has pasado a la historia. Cruyff formó parte de una generación de futbolistas neerlandeses que revolucionaron el juego con el «**fútbol total**». Fue un jugador elegante, perfectamente ambidiestro y, por si fuera poco, un excelente entrenador. Ganó la **Liga de Campeones** en ambas funciones: como jugador con el Ajax y como entrenador con el Barcelona.

MICHEL PLATINI (1955)

De joven, Platini se presentó a las pruebas para jugar en un equipo juvenil de fútbol profesional. **Fracasó estrepitosamente**, ¡pero no se rindió! Le dieron una segunda oportunidad y lo ficharon de inmediato. Así empezó una carrera que lo llevó a ganarlo todo, incluidos tres **Balones de Oro**. Asombró al mundo entero con sus perfectos lanzamientos de falta, hoy llamados «**al estilo Platini**».

DIEGO ARMANDO MARADONA (1960)

El argentino Diego Armando Maradona, conocido como el «**Pibe de Oro**», es uno de los jugadores más grandes de todos los tiempos y comparte con Pelé el título de **Jugador del Siglo** (¿con cuál de los dos te quedarías tú?). En 1986 ganó la **Copa del Mundo**, donde anotó contra Inglaterra el que se considera el gol más bonito de la historia. En ese mismo encuentro, marcó un gol con la mano… ¡que no fue anulado! El episodio es conocido como «**la mano de Dios**».

ROBERTO BAGGIO (1967)

Baggio debe su mote, «Divin Codino» ('coleta divina'), a su pelo, pero su fama se debe únicamente a su destreza con el esférico. Fue uno de los mejores delanteros de la selección italiana y en varias ocasiones estuvo a punto de ganar el Mundial, competición en la que llegó a marcar en tres ediciones distintas. Obtuvo el **Balón de Oro** en 1993 y la afición lo votó como cuarto mejor jugador del siglo en la encuesta de la FIFA.

RONALDO (1976)

El brasileño fue el gran fenómeno de su generación. A pesar de que las lesiones (algunas graves) lo persiguieron durante toda su carrera, la mayoría de sus rivales decían que era imposible detenerlo. No es de extrañar en uno de los jugadores más veloces que han existido, capaz de alcanzar una **velocidad punta de 36 km/h.**

GIGI BUFFON (1978)

Si alguien ha sobresalido defendiendo la portería, ese es Buffon. Posee el récord de **974 minutos jugados** en partidos de la Serie A de la liga italiana **sin que nadie le marque un gol**, además de ostentar el récord de Mundiales disputados (5) y el de partidos jugados como internacional (176). Ha participado en más de mil competiciones, algo que solo han conseguido 25 jugadores. ¡Y sigue en activo!

CRISTIANO RONALDO (1985)

Es un jugador legendario al que se han dedicado museos y estatuas en Madeira, su tierra natal. Dejó su impronta en el Manchester United, el Real Madrid y la Juventus, y es el único futbolista que ha ganado la **Liga de Campeones,** el **Campeonato Europeo,** el **Mundial de Clubes** y el **Balón de Oro.** ¿Humano o superhéroe?

LIONEL MESSI (1987)

Messi ha sabido sacar partido de su pequeña estatura (motivo por el que es apodado «la Pulga») y convertirse en uno de los mejores jugadores del mundo. El buque insignia del Barcelona y capitán de la selección argentina es el séptimo máximo goleador de todos los tiempos. Con el equipo catalán ha ganado 34 trofeos, y en la actualidad, posee **5 Balones de Oro** y **6 Botas de Oro.**

2. BÉISBOL

Guantes, bates de madera y una pelota blanca con costuras rojas. Aunque se practica en todo el mundo, es sin duda el deporte por excelencia de **Estados Unidos**, donde se lo considera el **«pasatiempo nacional»**. Se juega en un terreno en forma de diamante y ha inspirado películas, novelas y series de televisión. Aunque en 2008 fue excluido de los Juegos Olímpicos, volverá a contarse entre los deportes presentes en los juegos de **Tokio 2020**. Evidentemente, estamos hablando del béisbol. ¿Estáis listos para hacer un *home run* y descubrir los secretos de este juego tan peculiar?

NÚMEROS Y MEDIDAS

• Hay 4 bases, numeradas en sentido contrario a las agujas del reloj. La primera, la segunda y la tercera se señalan con unas almohadillas cuadradas de 38 cm de lado; junto con la cuarta (llamada plato de *home*), forman el diamante, cuyas dimensiones son de 90 pies por lado (27,43 m). El plato de *home* es una almohadilla pentagonal: su forma es parecida a un cuadrado de 17 pulgadas (43,18 cm) con dos esquinas recortadas.

• El campo se divide en tres secciones: el cuadro interior (*infield*), donde se encuentran las cuatro bases, está delimitado por las líneas de *foul* y el arco de césped; los jardines (*outfield*) son el área de césped exterior y están delimitados por las líneas de *foul* y la valla de fondo. La zona de *foul* es la zona situada detrás de las líneas de *foul*.

• El montículo del lanzador o *pitcher* ocupa el centro del diamante. Se trata de un círculo de tierra de 18 pies (5,5 m) de diámetro y con una altura máxima de 10 pulgadas (25,4 cm). Cerca del centro del montículo se encuentra el plato del lanzador, hecho de goma. La distancia que media entre la parte delantera de este plato y la parte posterior del plato de *home* es de 60 pies y 6 pulgadas (18,44 m).

REGLAMENTO

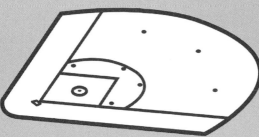

1 Los partidos de béisbol suelen ser largos. Cada partido se compone de **nueve entradas** o *innings*, que a su vez se dividen en **dos fases**: ataque y defensa. El paso de un turno a otro no depende del tiempo, sino de que el equipo defensor consiga **eliminar a tres jugadores** del equipo contrario. ¡En las categorías superiores esto puede llevar su tiempo!

2 El **objetivo**, por supuesto, consiste en marcar más **puntos** que el rival. Para ello, el bateador debe golpear la pelota, soltar el bate y **recorrer todas las bases** en orden hasta regresar al plato de *home*. Pero cuidado, porque los defensas pueden intentar eliminar al bateador o a los corredores tocándolos con la mano que sujeta la pelota o enviando la bola a la base a la que se dirigen para «bloquearla».

3 Evidentemente, no es necesario recorrer todas las bases en un mismo turno (de hecho, es bastante difícil conseguirlo). El jugador puede detenerse antes para asegurar la base y no exponerse a que lo eliminen. Lo importante es **avanzar** cada vez que hay un buen batazo y así dejar la base libre para el siguiente compañero, ya que **no puede haber más de un jugador a la vez en una misma base**.

4 Durante la fase de ataque, los atacantes salen a batear en un orden predeterminado que no puede alterarse durante el partido. Esto permite organizar de manera casi científica el orden de los bateadores con el fin de exprimir al máximo sus cualidades. Luego solo queda cruzar los dedos y esperar que la estrategia funcione.

5 El **lanzador** o *pitcher* debe tener un pie en el **plato** al lanzar la pelota, aunque puede levantarlo cuando la bola ya ha salido de su mano. Además, no puede lanzar adonde quiera: si la bola se sale de la **zona de *strike*** y el bateador lo ve y no batea, se le concede una **bola**. A las cuatro bolas, el bateador avanza automáticamente hasta la primera base.

CURIOSIDADES

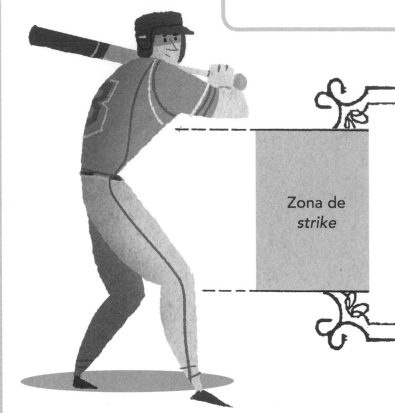

Zona de *strike*

La defensa puede mandar al banquillo a los atacantes de muchas maneras. La más conocida (y la mejor) es, sin duda, **ponchándolos** (*strikeout*). Esto ocurre cuando el lanzador envía la pelota al bateador tres veces y el bateador, a pesar de que lo intenta, no consigue golpearla. ¡De este modo no existe ningún riesgo de que alguien ocupe las bases!

La mejor forma de ganar puntos es con un jonrón (en inglés, *home run*). El jonrón tiene lugar cuando la pelota es bateada con tanta fuerza que se sale del campo o cuando llega lo suficientemente lejos como para que la defensa tarde en recuperarla y el bateador tiene tiempo de dar una vuelta completa al diamante y anotar una carrera. Cuando se batea un jonrón con todas las bases llenas, se llama *Grand Slam* y vale cuatro puntos.

Por cierto: el récord de jonrones lo ostenta **Barry Bonds**, que acumuló 762 a lo largo de 22 temporadas, 73 de ellos en el año 2001.

¡Béisbol también es sinónimo de moda! La famosa **gorra de visera** nació en los terrenos de juego estadounidenses y enseguida se convirtió en un accesorio que puede verse en las calles de todo el mundo.

El béisbol es el deporte nacional de Estados Unidos, pero también es muy popular en **Japón**, adonde llegó en 1872. Aunque enseguida despertó simpatías entre la población, no se convirtió en deporte profesional hasta 1906. Antes, la asistencia a los partidos era gratuita y estaba mal visto que los jugadores aceptasen dinero por jugar a algo a lo que se habrían dedicado por simple placer.

¡Las bases también pueden **robarse**! Para robar una base, el corredor tiene que avanzar hasta la base siguiente antes de que se produzca el bateo o de que la defensa cometa algún error (generalmente, el atacante empieza a correr mientras el *pitcher* se prepara para lanzar). El récord de bases robadas lo tiene **Rickey Henderson**, ¡con **1406** robos a lo largo de su carrera!

SALÓN DE LA FAMA

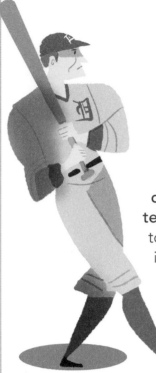

TYRUS COBB (1886-1961)

Bateador zurdo y lanzador diestro. Apodado el «**Melocotón de Georgia**», era un jugador **temperamental**, pero lo daba todo y consiguió unos resultados increíbles. Aunque no tuvo una vida fácil, logró grandes éxitos con los **Detroit Tigers**, donde fue jugador y mánager.

WALTER PERRY JOHNSON (1887-1946)

Es uno de los mejores lanzadores de la historia. Ganó **3 Triples Coronas**, **416 partidos** (segunda mejor marca de todos los tiempos) y marcó **110 *shutouts*** (partidos sin conceder ninguna carrera).

GEORGE HERMAN «BABE» RUTH (1895-1948)

La «**primera estrella** del béisbol. Los lanzadores **temblaban** cuando salía a batear. Gracias a unas pruebas médicas, se descubrió que poseía unos reflejos fuera de lo común. Ganó **7 veces la Serie Mundial** y los **Yankees de Nueva York** obtuvieron con él sus primeros triunfos.

LOU GEHRIG (1903-1941)

Pese a sufrir numerosas lesiones y una **enfermedad** que hoy en día lleva su nombre, disputó **2130 partidos consecutivos**. Todo un ejemplo de **perseverancia**.

JACKIE MITCHELL (1913-1987)

Experimentada **lanzadora** y una de las primeras **jugadoras profesionales**, tuvo que enfrentarse a las **leyes** que durante muchos años impidieron que los clubes contrataran a mujeres. Antes de retirarse, consiguió ponchar a **Babe Ruth** y a **Lou Gehrig** durante un amistoso entre su equipo y los Yankees.

JOE DiMAGGIO (1914-1999)

Gran bateador, apodado «Joltin Joe» por los sobresaltos que provocaba a sus rivales cuando golpeaba la pelota. Ganó 9 veces la Serie Mundial con los Yankees y fue 3 veces mejor jugador. Woody Allen dijo de él que era «una de las pocas cosas por las que valía la pena vivir» y su nombre aparece en varias canciones. Fue marido de Marilyn Monroe y el primer deportista en recibir la Medalla Presidencial de la Libertad. Una leyenda.

WILLIE HOWARD MAYS JR. (1931)

Jugó 22 temporadas con los San Francisco Giants, ganó 1 Serie Mundial, participó 24 veces en los All-Stars y ganó 12 veces el Guante de Oro. No obstante, su título más destacado fue sin duda la Medalla Presidencial de la Libertad que le concedió Obama por su lucha por la libertad y los derechos civiles.

SADAHARU OH (1940)

Fue el jugador estrella de la Liga Japonesa de Béisbol Profesional (NPB) entre 1960 y 1980. Ostenta el récord de jonrones de la NPB: ¡868! En 2006, fue el mánager de la selección nipona en el Clásico Mundial de Béisbol.

MAMIE JOHNSON (1935-2017)

Apodada «Peanut» ('cacahuete') debido a su pequeña estatura (1,60 m), fue la primera afroamericana que jugó en categorías profesionales y la primera lanzadora que jugó en un equipo ¡íntegramente masculino! Lanzaba bolas rápidas y potentes. A veces, las apariencias engañan...

ICHIRO SUZUKI (1973)

Tras un espectacular inicio de carrera en su país de origen, fue el primer japonés en jugar en las ligas estadounidenses. Al principio, los seguidores de los Seattle Mariners desconfiaban de él debido a su escasa estatura, pero pronto los hizo cambiar de idea e incluso llegó a ganar varios Guantes de Oro.

3. RUGBY

El rugby es un **deporte de equipo** que exige mucho contacto físico: los jugadores se persiguen, se placan ¡e incluso hay una parte del juego en la que se empujan con la cabeza! El rugby **nació en Inglaterra en el siglo XIX** —en 1823, para ser exactos—, cuando un estudiante, harto de jugar a fútbol, agarró el balón con las manos y corrió con él hasta la portería rival. El muchacho se llamaba **William Webb Ellis** y, hoy en día, su nombre es legendario. Los hechos ocurrieron en la **ciudad inglesa de Rugby**, de aquí el nombre de este deporte. El rugby se juega en **120 países**, pero las primeras naciones donde se popularizó fueron Gran Bretaña, Irlanda, Australia, Nueva Zelanda, Sudáfrica y Francia.

Hay varios modos distintos de jugar a rugby. El más extendido se juega con un balón ovalado y enfrenta a dos equipos de **15 jugadores**. En algunos países (Nueva Zelanda, Samoa, Tonga, Fiji, Georgia, Madagascar), el rugby es el deporte nacional, y en todo el mundo hay **8 millones de jugadores profesionales**, de los cuales **2 millones son mujeres**.

NÚMEROS Y MEDIDAS

• Dos equipos de 15 jugadores se enfrentan en un campo rectangular de unos 100 × 50 m. En cada extremo del campo, se alza una portería de 15 m de altura con forma de H.

• El balón es ovalado y mide unos 30 cm de largo.

• Los partidos duran 80 minutos, con dos partes de 40 minutos de juego efectivo. Cuando hay contratiempos (lesiones, infracciones, etc.), el árbitro para el cronómetro hasta que se reemprende el juego.

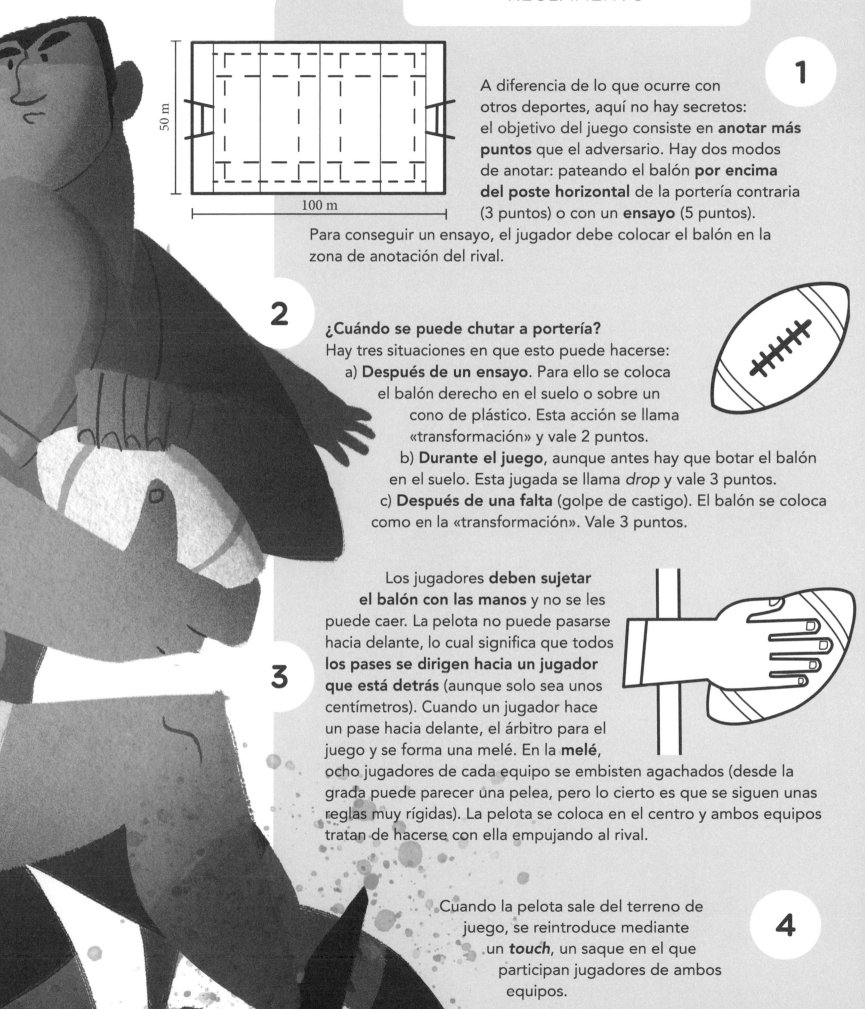

1

A diferencia de lo que ocurre con otros deportes, aquí no hay secretos: el objetivo del juego consiste en **anotar más puntos** que el adversario. Hay dos modos de anotar: pateando el balón **por encima del poste horizontal** de la portería contraria (3 puntos) o con un **ensayo** (5 puntos). Para conseguir un ensayo, el jugador debe colocar el balón en la zona de anotación del rival.

2

¿Cuándo se puede chutar a portería?
Hay tres situaciones en que esto puede hacerse:
a) **Después de un ensayo**. Para ello se coloca el balón derecho en el suelo o sobre un cono de plástico. Esta acción se llama «transformación» y vale 2 puntos.
b) **Durante el juego**, aunque antes hay que botar el balón en el suelo. Esta jugada se llama *drop* y vale 3 puntos.
c) **Después de una falta** (golpe de castigo). El balón se coloca como en la «transformación». Vale 3 puntos.

3

Los jugadores **deben sujetar el balón con las manos** y no se les puede caer. La pelota no puede pasarse hacia delante, lo cual significa que todos **los pases se dirigen hacia un jugador que está detrás** (aunque solo sea unos centímetros). Cuando un jugador hace un pase hacia delante, el árbitro para el juego y se forma una melé. En la **melé**, ocho jugadores de cada equipo se embisten agachados (desde la grada puede parecer una pelea, pero lo cierto es que se siguen unas reglas muy rígidas). La pelota se coloca en el centro y ambos equipos tratan de hacerse con ella empujando al rival.

4

Cuando la pelota sale del terreno de juego, se reintroduce mediante un *touch*, un saque en el que participan jugadores de ambos equipos.

CURIOSIDADES

La **selección neozelandesa** de rugby está considerada la mejor del mundo. Nueva Zelanda es el único país que ha ganado **3 Copas del Mundo**. A sus jugadores se los conoce como los «All Blacks», debido a que **el uniforme que visten es totalmente negro**. En 2016, se dijo que los All Blacks habían batido un récord al conseguir **18 victorias consecutivas**, pero más tarde se supo que la modesta selección de **Chipre** contaba nada más y nada menos que con **24**. Puede que los chipriotas no hubieran obtenido sus victorias en grandes torneos ni contra equipos famosos, pero ¡un récord es un récord!

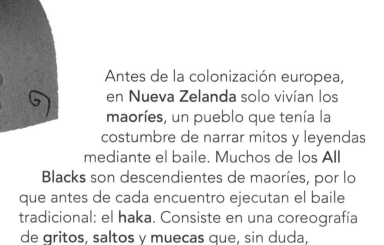

Antes de la colonización europea, en **Nueva Zelanda** solo vivían los **maoríes**, un pueblo que tenía la costumbre de narrar mitos y leyendas mediante el baile. Muchos de los **All Blacks** son descendientes de maoríes, por lo que antes de cada encuentro ejecutan el baile tradicional: el **haka**. Consiste en una coreografía de **gritos**, **saltos** y **muecas** que, sin duda, contribuye a **intimidar** al adversario.

El **día de Navidad de 1872**, un grupo de **soldados ingleses** desafió a un **batallón escocés** en **Calcuta**. El partido fue todo un éxito y a él asistió tanto público que se repitió dos veces. Con las monedas de plata que se habían recaudado, en **1877** se confeccionó una copa destinada a ser disputada, en el futuro, entre ingleses y escoceses. La **Copa Calcuta**, que se juega todavía hoy, tiene asas con forma de **cobra** y una tapa con forma de **elefante**. ¡Es una joya de lo más exótico!

Nelson Mandela, el primer presidente negro de **Sudáfrica**, nunca jugó al rugby, pero tiene un lugar en el Salón de la Fama de este deporte. En 1995, la victoria de Sudafricana en la **Copa del Mundo** consiguió unir las dos almas del país y superar las fronteras raciales. Durante la final de **Johannesburgo**, el estadio entero se puso a corear el nombre de Mandela mientras el presidente, emocionado y vestido con la camiseta del capitán **François Pienaar**, ocupaba el palco de honor.

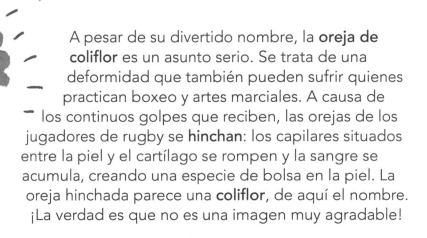

A pesar de su divertido nombre, la **oreja de coliflor** es un asunto serio. Se trata de una deformidad que también pueden sufrir quienes practican boxeo y artes marciales. A causa de los continuos golpes que reciben, las orejas de los jugadores de rugby se **hinchan**: los capilares situados entre la piel y el cartílago se rompen y la sangre se acumula, creando una especie de bolsa en la piel. La oreja hinchada parece una **coliflor**, de aquí el nombre. ¡La verdad es que no es una imagen muy agradable!

SALÓN DE LA FAMA

SERGE BLANCO (1958)

Blanco siempre ha estado vinculado al **Biarritz**: ingresó en el club a los quince años y llegó a ser su **presidente**. Ha ganado **6 veces** el Cinco Naciones (¿sabías que este torneo no se convirtió en el **Seis Naciones** hasta el año 2000?), incluidos **2** *Grand Slams*. Fue nombrado Caballero de la Legión de Honor por sus méritos deportivos.

JONAH LOMU (1975-2015)

Lomu cambió la manera de jugar al rugby. Fue un atleta **extraordinario** que, a pesar de medir 1,90 m, era capaz de correr 100 m en 11 segundos. Lamentablemente, se le diagnosticó una enfermedad en el hígado y tuvo que someterse a un trasplante. Considerado el más famoso de los **All Blacks**, falleció con solo cuarenta años, pero sigue siendo uno de los mejores jugadores de todos los tiempos.

JONNY WILKINSON (1979)

Era un jugador ejemplar dentro y fuera del campo. Jonny (apodado «**Wilko**») tuvo que batallar con numerosas **lesiones** y es uno de los jugadores más queridos de Inglaterra; tanto es así que fue candidato a aparecer en los **billetes de diez libras**. Durante su carrera marcó 1246 puntos y es el **segundo mayor anotador de la historia**. En 2003 condujo a Inglaterra a la victoria en la Copa del Mundo gracias a un *drop* legendario en el último segundo que le valió el título de **baronet**.

Brian O'Driscoll (1979)

Este irlandés de pura cepa tuvo una **larga trayectoria** que lo llevó a jugar quince años con la selección de su país y a disputar **4 Copas del Mundo**. Además, Brian posee el **récord mundial de ensayos** en el Seis Naciones (**26**). ¡Y encima es doctor en **filosofía**!

Richie McCaw (1980)

Richie, el capitán de los **All Blacks** por excelencia, tiene unas estadísticas portentosas: fue el primer jugador neozelandés en participar en **100 convocatorias internacionales**, el primer (y, hasta hoy, el único) jugador en conseguir 100 victorias internacionales y el primero en ser 100 veces capitán de su selección. Ha sido votado **jugador del año en 3 ocasiones** y es miembro de la **Orden de Nueva Zelanda**, ¡una distinción que solo pueden poseer 20 personas a la vez!

Dan Carter (1982)

Que no os engañe su amistosa sonrisa: ¡en el terreno de juego es como un tanque! Dan posee el **récord mundial de puntos en competición internacional** (1598), ha ganado **2 oros** con los **All Blacks** y ha sido elegido **jugador del año en 3 ocasiones**.

Frédéric Michalak (1982)

Su carrera ha transcurrido entre **clubes franceses** y **sudafricanos**, pero la selección siempre ha ocupado un lugar especial en su corazón. Con **Francia** ha jugado el torneo de las **Seis Naciones** 5 veces seguidas y ha conseguido **3 victorias**. Además, es el **máximo anotador de la selección internacional** (con 436 puntos en 77 encuentros).

4. VOLEIBOL

El **voleibol** es un **deporte de equipo** que se caracteriza por la **ausencia total de contacto físico** entre los participantes. Curioso, ¿verdad?
Fue inventado en **1895** por William Morgan, profesor de educación física en una escuela de **Massachusetts**, si bien dos años antes había aparecido un juego similar en Alemania y desde la antigüedad se conocen juegos de pelota que podrían considerarse como sus predecesores.

A finales del siglo XIX el voleibol llegó a Sudamérica, y en 1898 a **Filipinas**, donde se inventó el «**remate**». Durante la **Primera Guerra Mundial** desembarcó en Europa de mano de las tropas estadounidenses, que lo practicaban en sus ratos libres para evadirse de la guerra.

NÚMEROS Y MEDIDAS

- La cancha es rectangular y mide 18 × 9 m. En el centro hay una red que la divide en dos cuadrados de 9 × 9 m, uno para cada equipo.
- La parte superior de la red se alza a 2,43 m del suelo para los hombres y a 2,24 m para las mujeres.
- La pelota es esférica, de cuero o sintética. Mide entre 65 y 67 cm de circunferencia y pesa entre 260 y 280 g.

Dos equipos de 6 jugadores se enfrentan en una pista rectangular dividida en dos por una red tendida entre dos postes. El objetivo consiste en **golpear la pelota antes de que bote en el suelo** y, con un máximo de **3 toques por equipo** (y sin que ningún jugador la toque 2 veces seguidas), enviarla por encima de la red para que bote en el campo contrario.

1

El juego empieza con un **servicio** en el que un jugador golpea la pelota con la mano y la dirige desde la línea de fondo hacia el campo contrario. El juego continúa hasta que el balón cae al suelo dentro o fuera de la pista. El equipo que gana la jugada anota un **punto** y realiza el siguiente **servicio**. Si la pelota rebota en la red, el equipo puede seguir jugando con los toques que le queden. Los jugadores no pueden tocar la red.

2

Una de las acciones más espectaculares y que más llama la atención incluso entre los espectadores menos entendidos es el «**bloqueo**», introducido en **1938**. En él, los defensas más cercanos a la red tratan de impedir el remate del oponente saltando con los **brazos extendidos** por encima de la red. El bloqueo pueden realizarlo uno, dos o hasta tres jugadores, y el objetivo es que la pelota caiga en el campo del rival. Sin embargo, si el balón sale fuera, el punto es para el equipo atacante.

3

El equipo que gana **3 sets** obtiene la victoria. Cada set se juega a **25 puntos**, excepto el quinto (de desempate), que se juega a **15 puntos**. Para ganar un set, hay que anotar al menos **2 puntos más** que el oponente.

4

CURIOSIDADES

El Campeonato Mundial de Voleibol se celebra cada cuatro años. La antigua **Unión Soviética** tiene el **récord de títulos** en **competición masculina** (5), seguida por Italia y Brasil (cada uno de ellos ha ganado **3 campeonatos**).

La variante más famosa del voleibol es el **vóley-playa**. Nacido como pasatiempo en las **playas de California**, en 1996 se convirtió en **deporte olímpico** tanto para hombres como para mujeres. Se juega en una **pista rectangular** de 16 × 8 m, cuya superficie, obviamente, ¡es de **arena**! La pelota es **más ligera** y los equipos se componen de **2 jugadores**, sin opción de hacer sustituciones (¡eso sí es resistencia!). Por lo demás, las reglas son las mismas que las del voleibol.

ESTADOS UNIDOS

URSS

BRASIL

CUBA

CHINA

En los Juegos Olímpicos, en la competición masculina, tanto Estados Unidos como la URSS y Brasil han obtenido 3 oros. En competición femenina, además de la URSS, Cuba y China son selecciones muy potentes, también con 3 oros cada una.

SALÓN DE LA FAMA

KARCH KIRALY (1960)

Votado **mejor jugador del siglo** XX, junto con **Lorenzo Bernardi**, en 2011. Ha competido también en **vóley-playa** ¡y ha ganado el **oro olímpico** tanto en esta disciplina como en el voleibol clásico! Actualmente es el **entrenador** de la selección femenina estadounidense.

ANDREA GARDINI (1965)

Se le considera uno de los mejores **bloqueadores centrales** de todos los tiempos. Quizá por eso fue el **primer italiano** que ingresó en el **Salón de la Fama del Voleibol** en 2007. Junto con Lorenzo Bernardi, jugó en la selección italiana de los fantásticos años noventa, la década de los «fenómenos».

HUGO CONTE (1963)

A los doce años, el argentino jugaba tanto a **baloncesto** como a **voleibol**. Con dieciséis, fue convocado para jugar con las selecciones provinciales de ambos deportes: no es difícil adivinar con cuál se quedó... **Jugador completísimo**, en 2011 ingresó en el **Salón de la Fama del Voleibol**.

LORENZO BERNARDI (1968)

En 2011, Bernardi fue elegido **mejor jugador del siglo** XX junto con Karch Kiraly. ¡Es toda una leyenda! Lo descubrió el entrenador **Julio Velasco**, que también lo hizo cambiar de posición: pasó de colocador a **rematador**. Con **306** partidos disputados, es uno de los «fenómenos» de la selección italiana de los años noventa, que causó sensación en el mundo entero.

NIKOLA GRBIĆ (1973)

Actualmente entrena a la selección serbia y al BluVolley de Verona, pero Nikola Grbić ha tenido una larga y fulgurante carrera como **colocador** en varios clubes italianos con los que ha ganado numerosos títulos. Como internacional yugoslavo, conquistó **1 oro** y **1 bronce** en los **Juegos Olímpicos**, ¡cosa de la que no puede presumir todo el mundo!

SAMUELE PAPI (1973)

En todos los deportes hay jugadores para los que parece que no pasa el tiempo. El **inmortal** del voleibol es Samuele Papi, que jugó al máximo nivel ¡hasta los **cuarenta y cuatro años**! Todo un ejemplo de dedicación, recompensado con una larga lista de **medallas**, especialmente de oro, en todas las competiciones internacionales.

GILBERTO AMAURI DE GODOY FILHO (1976)

Conocido como «**Giba**», fue uno de los mejores rematadores cariocas. Repartió su carrera entre Brasil e Italia. Desde 2016 **preside la Comisión de Atletas de la Federación Internacional de Voleibol** (FIVB). Un pez gordo, ¡dentro y fuera de la cancha!

IVAN ZAYTSEV (1988)

Tatuajes, peinado rebelde y mirada desafiante: resulta imposible no reconocer a este jugador tenaz y de brazo potente tanto en el **ataque** como en el **servicio**. Ivan nació en Italia de padres rusos, de aquí su adecuado apodo: el «**Zar**».

WILFREDO LEÓN (1993)

Es uno de los muchos jugadores cubanos de gran talento **vetados en su selección nacional** por haber elegido jugar en otro país, algo prohibido por las leyes de Cuba. No obstante, la doble nacionalidad le ha permitido debutar con la camiseta de **Polonia** en 2019 y asombrar al público de las competiciones internacionales.

TIJANA BOŠKOVIĆ (1997)

Con sus 1,93 m de altura y sus 80 kg de peso, esta jugadora serbia es la gran revelación de los últimos años y está destinada a hacer historia. Sus **remates** pueden cambiar el curso de un partido y, a pesar de su juventud, ya posee **2 platas olímpicas** y **2 oros**, uno en el Campeonato Europeo y otro en el Mundial.

5. BALONCESTO

El baloncesto **nació por casualidad** en Estados Unidos a finales del siglo XIX, de la mano de **James Naismith**, un profesor de educación física al que le habían pedido que encontrara alguna actividad deportiva para los **entrenamientos de invierno** de un equipo de fútbol americano. El primer partido se jugó el 21 de diciembre de **1891** y el reglamento apareció a comienzos de **1892**, año oficial de su institución como deporte. El baloncesto cosechó un éxito inmediato en **Estados Unidos** y se convirtió en **deporte olímpico** en 1936. Diez años después, nacía la **NBA**, que aún hoy sigue levantando pasiones en todo el mundo.

NÚMEROS Y MEDIDAS

• La cancha de baloncesto es rectangular y mide 15 × 28 m. La superficie puede ser de madera, de goma o de material sintético, y está delimitada por las líneas de banda.
• Además hay otras líneas: una línea central que divide la pista en dos mitades iguales; el círculo central; la línea de tiros libres; la zona rectangular de delante de la canasta, llamada zona de tres segundos, y la línea de triple.

1

En el baloncesto se enfrentan **dos equipos** de **5 jugadores**. Se pueden hacer **cambios ilimitados**, y el objetivo consiste en **anotar puntos** introduciendo la pelota por el aro del equipo contrario. Los partidos duran **40 minutos** (48 en la NBA), divididos en **cuatro cuartos** de **10 minutos** de juego efectivo (12 minutos en la NBA).

2

Cada equipo dispone de **24 segundos** para atacar. Si al cabo de ese tiempo no ha encestado, la posesión del balón pasa al **equipo contrario**. Los 24 segundos vuelven a empezar cada vez que la pelota cambia de equipo. Si el balón toca el aro y el equipo atacante lo recupera, tiene **14 segundos más** para terminar la jugada.

3

El valor en puntos de una canasta depende del **lugar** desde el cual se realiza el lanzamiento. Los tiros procedentes de **detrás de la línea** semicircular en torno a la canasta valen **3 puntos**, mientras el resto vale **2 puntos**. Si un jugador comete una falta y el árbitro concede **tiros libres**, cada canasta vale **1 punto**. Cuando los jugadores cometen **5 faltas** (6 en la NBA) quedan **expulsados** y deben ser **sustituidos**.

4

Si al final del encuentro los dos equipos están **empatados**, se juega una prórroga de **5 minutos**. En caso de que al finalizar la prórroga continúe el empate, se vuelve a añadir **tiempo adicional**.

CURIOSIDADES

La canasta de las pistas de baloncesto consiste en un **aro de metal** con una **red blanca**, ¡pero no siempre fue así! En los primeros tiempos, se utilizaba una **cesta de mimbre**, y cada vez que un jugador metía una canasta alguien tenía que subir con una escalerilla para sacar la pelota.

James Naismith era un profesor canadiense muy aficionado al deporte. Un invierno, un compañero le pidió que se inventara un juego para que los estudiantes que no podían hacer ejercicio al aire libre no se aburrieran, y Naismith se inventó... ¡el baloncesto!

En el baloncesto, como en el fútbol, también es posible **marcar en campo propio**, pero esas canastas solo valen si no son **intencionadas**. Esta regla se creó en 1962, tras un partido de la **Copa de Europa** en que el **Real Madrid** anotó en su propia canasta contra el **Ignis de Varese** para evitar sufrir una derrota más amplia en la prórroga. Hubo una gran controversia, pero la artimaña funcionó: el equipo español ganó el partido de vuelta y, gracias a los puntos, pasó a la siguiente ronda.

Se dice que la silueta del **logotipo de la NBA** es la del jugador **Jerry West**.

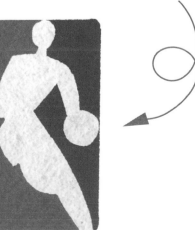

En **competición olímpica**, la **selección estadounidense** de baloncesto es la campeona absoluta: la masculina ha ganado el oro en **15 ocasiones de 19**, mientras que la femenina ha ganado **8 veces sobre un total de 11**.

SALÓN DE LA FAMA

KAREEM ABDUL-JABBAR (1947)

Con **38 387 puntos**, Kareem Abdul-Jabbar, activo entre 1969 y 1989, es el **máximo anotador de la historia de la NBA**. Su popularidad fue tal que llegó a aparecer en varias series y películas interpretándose a sí mismo... incluso de incógnito, como en *Aterriza como puedas*.

EARVIN «MAGIC» JOHNSON (1959)

Es un verdadero **mago del balón**, de aquí su apodo. Magic Johnson revolucionó el papel de **base**, hasta entonces reservado a jugadores bajos y ágiles (Magic mide 2,06 m). Desgraciadamente, le tocó enfrentarse con un adversario especialmente duro: el sida. No obstante, nunca se ha rendido y hoy en día se dedica a reunir **fondos para su investigación**. ¡La magia continúa!

LARRY BIRD (1956)

Conocido como la «**Gran Esperanza Blanca**», Bird fue uno de los grandes. Jugó casi toda su carrera con los **Boston Celtics** y ganó **3 títulos de la NBA**. Su rivalidad con **Magic Johnson** es legendaria, tanto como su amistad fuera de la pista. El día que Larry se retiró debido a sus lesiones de espalda, Magic se presentó luciendo la camiseta de los Celtics.

MICHAEL JORDAN (1963)

Para muchos se trata del **mejor jugador de la historia**, y probablemente sea cierto. A lo largo de su carrera, el número 23 marcó **32 292 puntos**. Su facilidad para **desafiar a la gravedad**, hacer mates y anotar triples le valió el título de «**His Airness**» ('su aérea excelencia'). Aunque en algún momento se pasó a otros deportes, el baloncesto siempre fue su gran amor.

DIKEMBE MUTOMBO (1966)

Dikembe Mutombo Mpolondo Mukamba Jean-Jacques Wamutombo (tal es su nombre completo) nació en el Congo y emigró a Estados Unidos. Gran defensa, solía dejar clavados a sus adversarios diciéndoles: «**Not in my house**» ('no en mi casa'). Además, fue un prolífico taponador. Con Mutombo en la pista, ¡nadie anotaba si él no quería!

Shaquille O'Neal (1972)

Con 2,16 m de altura, 147 kg y un 57 de calzado, Shaq (con su habilidad para **destrozar tableros**) no podía sino ser uno de los jugadores más dominantes de este deporte. **Ganó 1 oro olímpico** y **4 campeonatos de la NBA**. Su talón de Aquiles: los **tiros libres**. Pero a un campeón de su talla puede perdonársele.

Manu Ginóbili (1977)

Argentino de nacimiento, jugó en Italia y en Estados Unidos, países donde logró grandes éxitos con el **Virtus de Bolonia** y los **Spurs de San Antonio**. Ganó el oro en Atenas 2004 con la selección de la llamada «**Generación Dorada**». Tuvo una **carrera muy larga** y se retiró a los cuarenta y un años.

Kobe Bryant (1978)

Kobe jugó toda su carrera con los **Lakers** de Los Ángeles, con los que ganó **5 títulos**. Además, obtuvo dos veces el **oro olímpico** con la selección estadounidense y hasta ganó un **Oscar** con un cortometraje inspirado en su carta de despedida de las pistas: acostumbrado como estaba a ganar, ¡no podía dejar pasar la ocasión de hacerse con otro trofeo!

LeBron James (1984)

Su apodo es «**el Elegido**». ¿Cómo definir, si no, a alguien cuyo estilo de juego atraía a las multitudes cuando todavía iba al instituto? Es un jugador con un **físico imponente**, **versátil** y capaz de saltar hasta 1,5 m para llegar a la canasta. No tuvo una juventud fácil, pero la vida le ha dado grandes satisfacciones gracias al baloncesto.

Kevin Durant (1988)

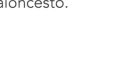

Kevin es todo un campeón en la **NBA**, pero sus éxitos y pasiones no se limitan a la cancha: **escribe** y saca **fotografías** para un conocido medio deportivo y tiene un canal en **YouTube** seguido por millones de personas. ¡Es un hombre de lo más ecléctico!

6. TENIS

Fuerza física, precisión, agilidad, pero también coordinación, estrategia y resistencia física y mental: ¿alguna vez has pensado en lo **completo** (y a veces complicado) que es el tenis? Para ser un gran tenista hay que poseer todas estas cualidades, y la más difícil de cultivar es la **resistencia mental**. Solo jugando mucho se puede aprender a gestionar la presión y las emociones. ¿No te lo crees? ¡Pues inténtalo!

NÚMEROS Y MEDIDAS

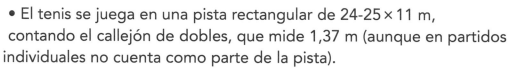

- El tenis se juega en una pista rectangular de 24-25 × 11 m, contando el callejón de dobles, que mide 1,37 m (aunque en partidos individuales no cuenta como parte de la pista).
- La red se alza a 0,914 m de altura en el centro de la pista y a 1,07 m en los postes. A cada lado de la red hay dos líneas paralelas: una a 6,40 m y la otra (la de servicio) a 5,49 m de la primera.
- Las pelotas de tenis son de goma con una capa de fieltro, generalmente amarillo. Su diámetro oscila entre 6,25 y 6,86 cm y pesan entre 56 y 59,4 g.

REGLAMENTO

En tenis hay cuatro golpes básicos: *drive*, **revés**, **saque** y **volea**.
- El *drive* es un golpe básico en el que el jugador, después de que la pelota haya botado, golpea desde su lado derecho (o el izquierdo, si el jugador es zurdo).
- El **revés** es un golpe en el que el jugador golpea desde su lado izquierdo (o el derecho si el jugador es zurdo). Puede ejecutarse con una o dos manos.
- El **saque** se realiza desde detrás de la **línea de saque**. Para ello, se lanza la pelota al aire y se golpea con la raqueta para enviarla al campo contrario. Los jugadores disponen de **dos intentos**; si fallan en ambos, se considera «**doble falta**» y el punto sube al marcador del rival.
- La **volea** consiste en golpear la pelota antes de que bote, pero después de que haya pasado la red.

1

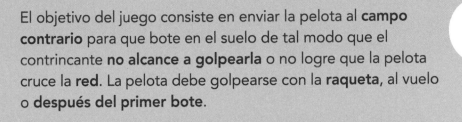

2

El objetivo del juego consiste en enviar la pelota al **campo contrario** para que bote en el suelo de tal modo que el contrincante **no alcance a golpearla** o no logre que la pelota cruce la **red**. La pelota debe golpearse con la **raqueta**, al vuelo o **después del primer bote**.

3

Los partidos se dividen en **sets**, que a su vez se dividen en **6 juegos** (o más). Para ganar un set hay que ganar 6 juegos con una ventaja de al menos dos juegos sobre el rival. Así, si el partido va 5-5, hay que llegar a 7-5 para ganar. Cuando el resultado es 6-6 (y si las reglas lo permiten), se juega un desempate (*tie-break*). Durante el juego, los puntos se cuentan así: **15, 30, 40** y **juego**. Para ganar, hay que sacar una ventaja de al menos dos puntos. Cuando el marcador está 40-40, el siguiente tanto se llama **ventaja** y gana el primer jugador que obtenga una ventaja de dos puntos. Por si acaso, ten la calculadora a mano mientras juegas...

Pero ¿qué es exactamente el *tie-break*? Consiste en un **juego adicional** que tiene lugar cuando ambos jugadores están empatados a **seis juegos**. Cuando se llega a esta situación, se cambia el tanteo tradicional por una secuencia de números normal (1, 2, 3...) para cada punto. Gana el primer jugador que llega a **7 puntos** con al menos 2 de ventaja sobre el rival.

4

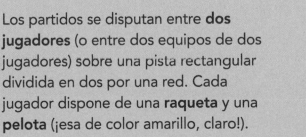

5

Los partidos se disputan entre **dos jugadores** (o entre dos equipos de dos jugadores) sobre una pista rectangular dividida en dos por una red. Cada jugador dispone de una **raqueta** y una **pelota** (¡esa de color amarillo, claro!).

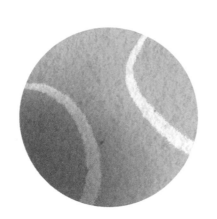

En los torneos de tenis **profesional** siempre se utilizan **pelotas nuevas**. Transcurridos los primeros **siete juegos** del partido, se sustituyen las bolas. Después de eso, cada **nueve juegos** vuelven a cambiarse. ¡En el tenis, todo está medido!

Cuando le preguntaron quién era el mejor tenista de todos los tiempos, **Andre Agassi** (ganador de **8 Grand Slams** y **1 oro olímpico**) respondió sin dudar: **Rafael Nadal**. Su motivo era muy sencillo: Roger Federer, que podría disputarle el honor, había perdido demasiadas veces frente a su rival. Curiosamente, cuando le hicieron la misma pregunta a **Toni Nadal** (tío y en ese momento entrenador de Rafa) dijo que, según él, ¡**Federer** es el mejor!

ROGER FEDERER

RAFAEL NADAL

¿Por qué algunos torneos se llaman «Grand Slam»? El término *slam* proviene del *bridge*, el juego de naipes. Cuenta la leyenda que el primero en utilizarlo fue el periodista **John Kieran** cuando el tenista **Jack Crawford** estaba disputando el **Abierto de Estados Unidos**. Vencer ahí lo habría convertido en ganador de los cuatro torneos principales. Según Kieran, la victoria de Crawford habría sido como hacer un *grand slam* en el *bridge* (una jugada que vale muchos puntos). Desde entonces, se usa para designar los **cuatro grandes torneos** del circuito internacional.

La cancha puede ser de **tierra batida**, **hierba**, **cemento** o **material sintético**, además de cubierta o descubierta. La superficie más común en **Europa** y **Sudamérica** es la **tierra batida**, aunque también es la superficie que más **ralentiza** el juego, ya que la velocidad de la pelota se reduce tras un bote mediano o alto, lo que facilita los tiros desde el fondo. La **hierba** es la más tradicional y la que se usa en el torneo más importante del Grand Slam: **Wimbledon**. Además, es la que obliga a jugar **más rápido**, pues la pelota bota poco y los jugadores tienen que correr para golpearla.

Como en todos los deportes, en el tenis también hay grandes jugadores que utilizan sus habilidades para defender las causas en las que creen. Uno de los casos más famosos es el de **Billie Jean King**, una tenista de gran talento que luchó contra el **sexismo** en el tenis y en la sociedad exigiendo que las **mujeres** fueran **valoradas igual** que los hombres y recibieran los **mismos premios** que ellos. Vale la pena recordar su partido contra **Bobby Riggs**, la llamada «**batalla de los sexos**». La **victoria** de King contra Riggs, que siempre se había burlado del tenis femenino, dejó en evidencia a todos aquellos que dudaban de la destreza y valía de las mujeres tenistas.

SALÓN DE LA FAMA

BJÖRN BORG (1956)

Borg tuvo una carrera breve pero explosiva: se retiró con solo ventiséis años tras ganar **11 títulos de Grand Slam** y hacerse un hueco en el olimpo del tenis. Conocido como el «Hombre de Hielo» por su actitud serena, pasó épocas difíciles pese a ser uno de los jugadores mejor pagados y una de las personas a las que el tenis debe su popularidad.

MARTINA NAVRÁTILOVÁ (1956)

Mujer de **gran determinación**, nunca se dejó desanimar por quienes decían que su físico era poco apto para el tenis. Se esforzó al máximo y con **excelentes resultados**. Tras ganar **todos los torneos del Grand Slam** y el **Campeonato de la *Women's Tennis Association* (WTA)**, continuó jugando y a los cincuenta años ganó su último título.

JOHN MCENROE (1959)

McEnroe empezó muy fuerte: jugó en **Wimbledon** siendo un aficionado de **dieciocho años** ¡y llegó a la semifinal! Fue un gran jugador **individual**, pero también de **dobles**, ya que sabía cómo sacar lo mejor de sus compañeros.

STEFFI GRAF (1969)

La alemana (cuyo *drive* era tan potente que le valió el apodo de «Fräulein Forehand», 'lady *drive*') consiguió un récord que será difícil batir: el **Golden Slam**, es decir, ganó todos los torneos del **Grand Slam** y **un oro olímpico** en un mismo año (**1988**). Triunfadora nata, posee un promedio extraordinario: ¡ganó el **90 %** de los partidos que disputó!

ANDRE AGASSI (1970)

El campeón rebelde: obtuvo el **Career Grand Slam** (por ganar todos los torneos más prestigiosos en un año) y fue el primero en hacerlo en tres superficies distintas. También fue el primero en ganar un **oro olímpico**, el **torneo de la Asociación de Tenistas Profesionales (ATP)** y la **Copa Davis**. Por otro lado, su impredecible personalidad y sus **conflictos con la autoridad** dieron que hablar en más de una ocasión.

PETE SAMPRAS (1971)

Lo llamavan «Pistol Pete», un apodo adecuado para alguien que «disparaba» servicios ¡a más de 200 km/h! Fue uno de los máximos rivales de **Agassi** y ocupó el primer puesto de la clasificación de la ATP durante **seis temporadas seguidas**. No está mal para alguien que descubrió el tenis por azar, jugando con una raqueta encontrada en el sótano de casa.

VENUS Y SERENA WILLIAMS (1980 Y 1981)

Hay quien dice que **el talento está en los genes**. Las Williams redefinieron el tenis femenino con su **potencia física**. El hecho de estar muy unidas no les ha impedido ser rivales y desafiarse mutuamente. En **dobles** eran imbatibles.

ROGER FEDERER (1981)

«Su Majestad» se ha ganado su título en las pistas y ocupa el trono con pleno derecho. Ha ganado más títulos que nadie en torneos de Grand Slam (¡20!), con **5 victorias consecutivas en Wimbledon** y otras tantas en el **Abierto de Estados Unidos** (hazaña que nadie más ha logrado). Su rivalidad con **Nadal** lo ha llevado a disputar **9 finales** de Grand Slam contra él, ¡otro récord!

RAFAEL NADAL (1986)

Cuando aparece un jugador con una cinta en el pelo, todo el mundo sabe que el «**Rey de la tierra batida**» está en la pista. Su rivalidad de con **Federer** es legendaria: ambos se enfrentaron en la final de **Wimbledon** de 2008, que se considera uno de los mejores partidos de todos los tiempos. Nadal ha ganado **12 veces el Roland Garros** (¡una proeza inigualable!) y tiene **19 títulos de Grand Slam** (solo uno menos que su rival).

NOVAK DJOKOVIC (1987)

Simpático, extrovertido, casi un **cómico** por sus imitaciones de otros tenistas... Pero cuando empieza el partido, se acaban las bromas. Djokovic se ha sabido imponer en todas las superficies gracias a su **resistencia** física y mental. Ha ganado **7 Abiertos de Australia, 1 Roland Garros, 5 Wimblendons** y **3 Abiertos de Estados Unidos**. Es uno de los grandes de su generación.

7. NATACIÓN

La natación tiene **miles de años de historia** e incluso aparece en las **pinturas rupestres**. Ya sea por placer, por necesidad o por rivalidad, hombres y mujeres llevan toda la vida metiéndose en el agua para aprender a flotar y luego moverse. Es una de las actividades físicas más **completas**, ya que en ella participan todos los músculos del cuerpo. Además, mejora la coordinación y la respiración. Obviamente, desde la **Edad de Piedra** ha habido cambios en la técnica, los bañadores y la organización. La natación tal y como hoy la conocemos empezó a establecer sus reglas entre los **siglos XVIII** y **XIX** en **Alemania** e **Inglaterra**, donde aparecieron los primeros clubes y establecimientos balnearios. Ahí se disputaron las primeras competiciones. Más tarde, fue elegida como una de las disciplinas de los primeros **Juegos Olímpicos** modernos. Hoy en día, los nadadores se mueven como torpedos para arañar unas centésimas de segundo y batir algún récord.

NÚMEROS Y MEDIDAS

• La piscina olímpica mide 50 m de largo y se divide en ocho carriles numerados de derecha a izquierda. Cada carril mide al menos 2,5 m de ancho.
• La anchura mínima de la piscina es de 21 m.

1 Hay cuatro estilos de natación: **libre**, **espalda**, **braza** y **mariposa**. Dentro de cada estilo hay pruebas de **varias distancias**: desde 50, 100 o 200 m hasta 800 y 1500 m en algunas competiciones de estilo libre. Si te parece mucho, piensa que hay pruebas de aguas abiertas en las que se recorren 5, 10 ¡y hasta **25 km**!

2 Para cambiar de sentido al llegar al final de la piscina, los nadadores realizan un giro (denominado **viraje**) consistente en dar una **voltereta** e impulsarse con los pies en la pared. Parece un juego de niños, pero si se ejecuta mal, se puede perder mucho tiempo.

3 También hay **carreras de relevos** en las que cuatro atletas nadan 100, 200 o 400 m cada uno. Suelen ser pruebas de estilo **libre** o **mixto** (cada nadador emplea un estilo diferente). Para realizar el relevo correctamente se requiere una perfecta **coordinación**.

4 Los nadadores deben esperar de pie en sus respectivos **bancos** a que el **árbitro** dé la señal de salida. La única excepción son las carreras de **espalda**, en las que los competidores esperan en el **agua** agarrados a un asidero especial.

5 A veces, por la impaciencia de los nadadores, se producen **salidas nulas**. Si ocurre una vez, no pasa nada; la segunda también se perdona, pero a la **tercera** el nadador queda **descalificado**.

ESTILO LIBRE

MARIPOSA

BRAZA

ESPALDA

Hoy en día —al menos en las distancias más habituales—, los nadadores están acostumbrados a competir en **piscinas** de agua clorada. Pero no siempre fue así: en los **Juegos Olímpicos de París de 1900**, ¡los atletas nadaron en el **Sena**!

Además, en las Olimpiadas de París de 1900 se disputaron dos **pruebas poco comunes**: una de **natación subacuática** (en la que los atletas ganaban puntos en función de los segundos que permanecieran bajo el agua) y otra de **obstáculos** (en la que los nadadores tenían que subirse a una pértiga, superar una fila de **barcas** y regresar nadando por debajo de las barcas). Por desgracia, ambas diciplinas **desaparecieron** de los Juegos Olímpicos: seguramente darían para un espectáculo, cuando menos, curioso.

En algunos lugares, el estilo mariposa también recibe el nombre de **delfín**. ¿A qué crees que se parecen más quienes lo practican, a una grácil mariposa o a un ágil delfín?

Dicen que la **braza** (que consiste en nadar de forma semejante a una rana) fue el primer estilo de las competiciones modernas. A partir de este, surgió el **estilo libre**, inventado por los ingleses gracias a su conocimiento de la técnica de los nativos **sudamericanos**.

Los **bañadores** profesionales de hoy en día están hechos con **materiales y fibras especiales** que permiten nadar a toda velocidad, pero no siempre fue así. En el **siglo XIX**, los hombres competían completamente vestidos, y las mujeres incluso llevaban **calzado** y **sombrero**.

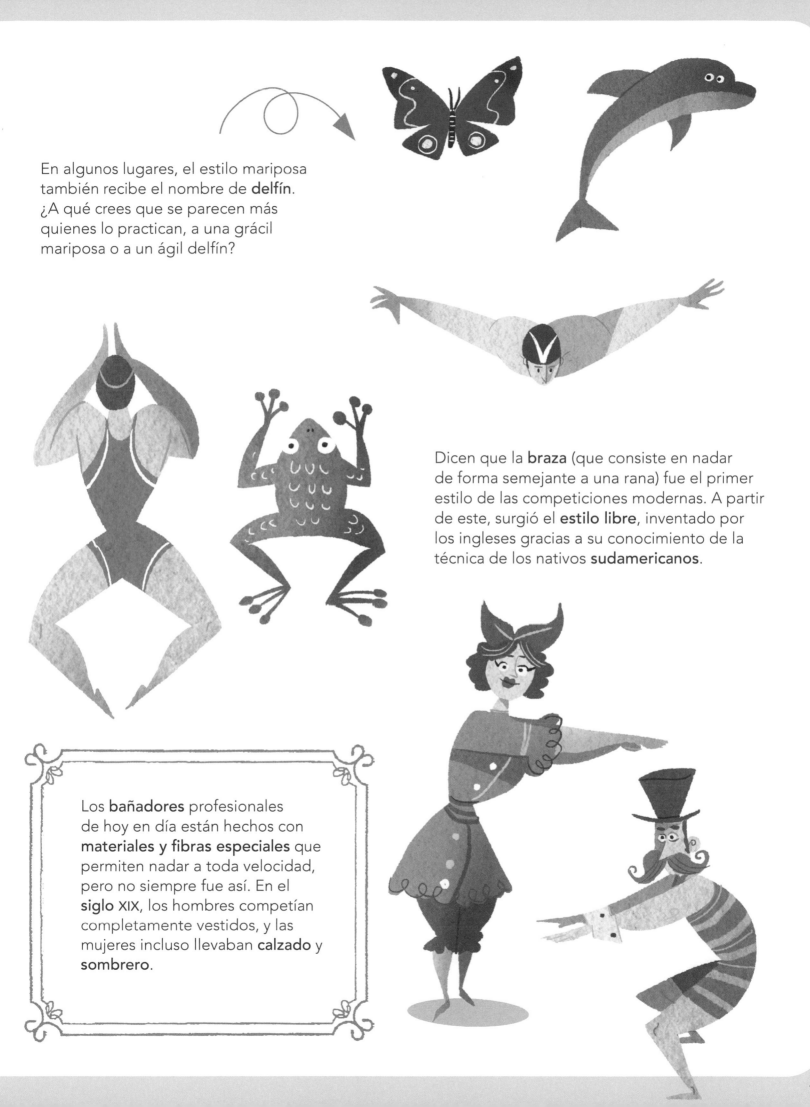

SALÓN DE LA FAMA

Johann «Johnny» Weissmuller (1904-1984)

¿Es posible ser **atleta olímpico** y **actor famoso**? ¡Pues claro! Weissmuller fue el mejor nadador de su generación, con **5 oros olímpicos** y **67 récords del mundo**. Tras retirarse de la competición, interpretó al inconfundible **Tarzán**, el rey de los monos. Su trabajo incluso fue del agrado de **Edgar Rice Burroughs**, el creador del personaje.

Abdellatief Abouheif (1929-2008)

Nacido en Egipto, formado en Inglaterra y casado con una cantante de ópera griega, Abouheif destacó en **aguas abiertas**: su travesía más larga fue de **135 km** sin parar en el **lago Míchigan**. ¡Tardó 34 horas y 45 minutos!

Veljko Rogošić (1941-2012)

El canal de la Mancha, el Adriático, el Mediterráneo... Rogošić dio pruebas de su **resistencia** en muchas masas de agua, pero su nombre siempre estará ligado al trayecto entre Grado y Riccione: ¡225 km sin paradas y sin aletas! Nadó toda la vida, y aun **después de cumplir sesenta años** siguió afrontando maratones de decenas de horas.

Ian Thorpe (1982)

Si te llaman «**Torpedo**», es que lo tuyo es serio. El nadador australiano empezó a pulverizar récords cuando le faltaban dos meses para cumplir diecisiete años, y se convirtió así en el **nadador más joven en batir un récord** del mundo. Desde entonces ha batido un total de 23. Se retiró relativamente joven, ¡pero es que ya lo había ganado **todo**!

Michael Phelps (1985)

Una auténtica leyenda: Phelps es el **nadador olímpico más condecorado** de todos los tiempos, con **28 oros, 3 platas** y **2 bronces**. Solo en Pekín 2008 ganó 8 oros, batiendo el récord de medallas en unos mismos juegos. Además, fue el primer atleta que ganó en cuatro ediciones seguidas en la misma disciplina. No es de extrañar que lo llamen «**la Bala de Baltimore**».

César Augusto Cielo Filho (1987)

Cuando solo tenía nueve años, pasaba el tiempo estudiando los vídeos de sus ídolos para imitar su técnica. El nadador brasileño siempre quiso subir a lo más alto del **podio** ¡y lo consiguió! Es el único brasileño que ha ganado un **oro olímpico** en natación, y actualmente posee el **récord** en los 50 y los 100 m libres.

Federica Pellegrini (1988)

Figura destacada en el panorama internacional, Pellegrini dio un nuevo impulso a la **natación femenina** gracias a sus victorias. En 2009 se convirtió en la primera mujer en nadar los 400 m libres por debajo de los 4 minutos y los 200 m en menos de 1.53 minutos. ¡Su **récord** de 1.52.98 en esta prueba sigue imbatido en la actualidad!

Sarah Sjöström (1993)

Esta joven sueca, especializada en **mariposa** y **estilo libre**, acumula ya **6 récords del mundo**. El más notable es el de los 50 m mariposa, que obtuvo en el Campeonato de Suecia de 2014, donde cubrió la distancia (en **22 brazadas** y sin salir a respirar) en un tiempo de 24.43 segundos, 64 centésimas por debajo del récord anterior.

Katinka Hosszu (1989)

A nadie la llaman «la Dama de Hierro» a no ser que posea una **resistencia** portentosa. La húngara ha participado en numerosas competiciones, siempre a un nivel altísimo y con muy buenos tiempos de recuperación. Especializada en estilo mixto, fue la primera mujer en ganar más de **un millón de dólares** en premios. ¡El esfuerzo tiene su recompensa!

Kathleen Genevieve Ledecky (1997)

Kathy (así la llama todo el mundo) empezó a batir récords con solo **quince años**. Es la atleta estadounidense más joven que ha participado en unos **Juegos Olímpicos**. Ha ganado todos los trofeos que pueden ganarse en los Mundiales en 200 y 1500 m estilo libre.

8. JUDO

El judo es un **arte marcial** relativamente joven, y como deporte es aún más reciente. Creado en **1882**, no se consideró deporte olímpico hasta los juegos celebrados en Tokio en 1964. Requiere una intensa preparación física y mental cuyas bases definió su fundador, **Jigoro Kano**, y más tarde fueron desarrollando sus discípulos y otros practicantes de todo el mundo. En judo hay un único objetivo: ganar el punto —llamado *ippon*— **derribando al adversario** sobre su espalda (¡una maniobra espectacular!), **inmovilizándolo** (en el suelo, preferiblemente boca arriba) o mediante **sumisión**.

NÚMEROS Y MEDIDAS

• El tatami debe tener al menos 4 cm de grosor y un mínimo de 13 m² de superficie. El combate transcurre en la zona central (un cuadrado de 8x8 m), mientras que los bordes conforman la zona de seguridad (2x2 o 3x3 m).

REGLAMENTO

1

Antes de empezar el combate, ambos contrincantes realizan dos **saludos**: primero en dirección al tatami, desde fuera; a continuación, cuando el árbitro los llama al centro, se saludan mutuamente. Entonces tienen que esperar el *hajime*, la señal oficial de inicio. Al final del combate, se repiten los saludos. **¡La cortesía ante todo!**

2

Como hemos dicho, lo importante es adjudicarse el *ippon* derribando al rival con un movimiento potente y controlado, inmovilizándolo durante **20 segundos** u obligándolo a rendirse mediante una llave. El vencedor obtiene el ippon y gana el combate. También existe un medio punto (*waza-ari*), que se obtiene ejecutando movimientos efectivos aunque imperfectos o inmovilizando al rival entre 10 y 20 segundos. Atención: **¡dos *waza-ari* no equivalen a un ippon!** Un *ippon* siempre gana a los *waza-ari*, por muchos que sean. Esto lo decidió la **Federación Internacional de Judo** con el fin de fomentar la perfección técnica.

3

En competición oficial hay tres personas encargadas de vigilar que el combate transcurra correctamente: un **árbitro** y dos **jueces**. En caso necesario, pueden aplicar penalizaciones (*shido*): tres penalizaciones equivalen a una descalificación. Se aplican para sancionar **faltas** físicas (salirse del tatami o introducir los dedos en la manga del oponente) o de comportamiento (**insultos** o **conducta antideportiva**). Las acciones contrarias al espíritu del judo, como no obedecer al árbitro o poner en peligro al rival, pueden ser motivo de descalificación directa. **¡La disciplina se toma muy en serio!**

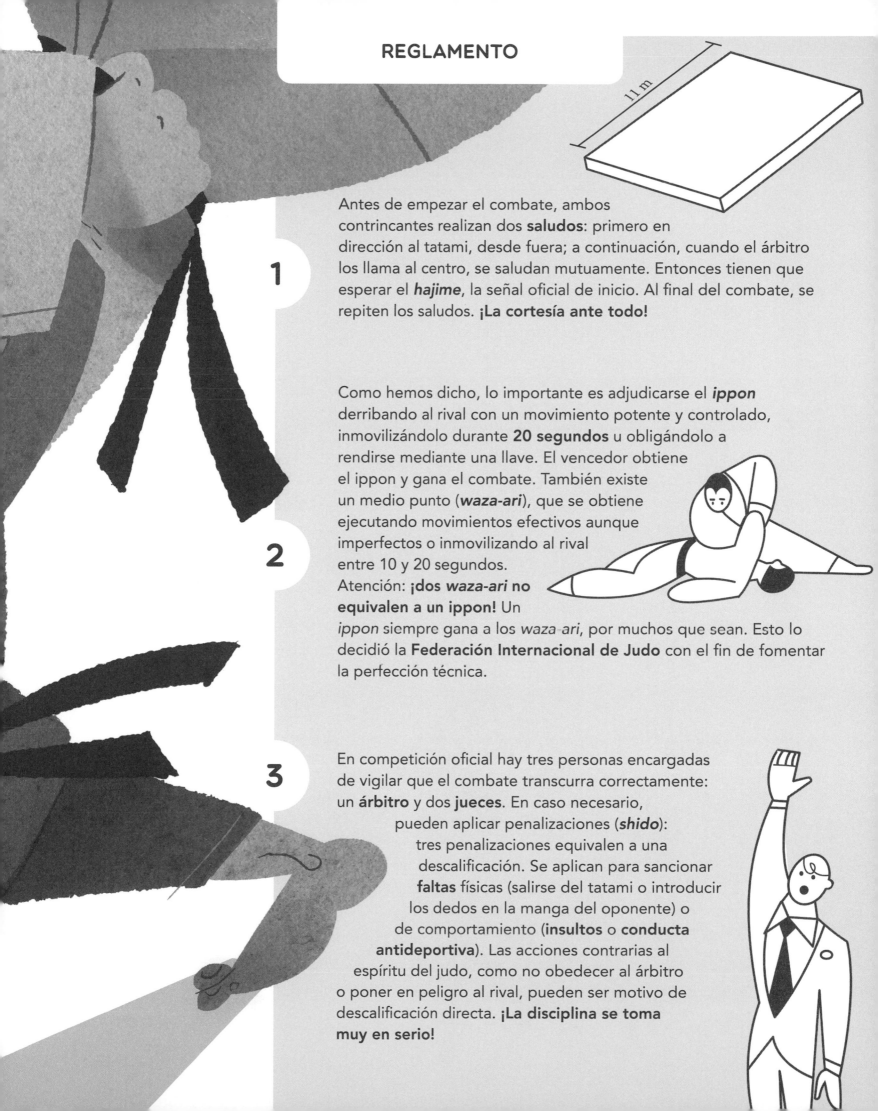

CURIOSIDADES

En japonés el término **judo** se compone de dos kanjis (los caracteres de la escritura japonesa): 柔 (*ju*, 'suave', 'flexible') y 道 (*do*, 'camino'). De modo que, literalmente, significa 'el camino de la flexibilidad'. No es exactamente lo que se esperaría en un deporte de lucha, ¿no?

Las técnicas de judo se llaman *waza* y se dividen en tres tipos: *nage-waza* o técnicas de proyección, que permiten derribar al rival y se consideran las más importantes; *katame-waza* o técnicas de inmovilización; y *atemi-waza* o técnicas de golpe, que se dividen en golpes realizados con brazos o con piernas.

Jigoro Kano, el creador del judo, no solo fue un luchador excelente, sino también un **erudito**. De hecho, era **profesor** de colegio. ¡Sus alumnos debían de ser los más disciplinados del mundo!

El país que acumula más **oros olímpicos** en judo es, obviamente, **Japón**. Menos obvio es que el segundo lugar lo ocupe **Francia**. El judo se hizo popular en el país galo en la década de 1920, gracias a la llegada de algunos de los **discípulos de Kano**, que enseñaron su técnica a los franceses.

KATAME-WAZA

NAGE-WAZA

ATEMI-WAZA

YAMASHITA YOSHITSUGU (1865-1935)

Fue el decimonoveno estudiante de Jigoro Kano y amigo suyo de infancia, así como la primera persona en obtener el **décimo dan** (el máximo nivel al que se puede llegar en judo), aunque a título **póstumo**. Viajó a Estados Unidos, donde ofreció exhibiciones que despertaron la admiración de personalidades como el presidente **Theodore Roosevelt**, quien le pidió que le diera clases. Pese a todo, a Yamashita le gustaba meterse en líos: una vez derrotó él solo a **15 adversarios** furiosos. ¡Desafiarle no era una buena idea!

TEDDY RINER (1989)

Yudoca francés nacido en las Antillas y criado en París. Mide 2,04 m y pesa 136 kg. Ha ganado **2 medallas de oro** y ha sido **10 veces campeón del mundo** (en la primera, en 2007, se convirtió en el campeón más joven de la historia). Pese a esto, y por increíble que parezca, su apodo es «**Osito Teddy**».

KEIKO FUKUDA (1913-2003)

Es la única mujer que ha llegado a obtener el **noveno dan** en Kodokan (la escuela de judo de Kano) y el **décimo dan** en la Federación Estadounidense de Judo. Y eso a pesar de su pequeña estatura (1,5 m) y su reducido peso (45 kg).

9. GIMNASIA ARTÍSTICA

¿Sabías que la gimnasia es uno de los deportes más **antiguos** del mundo? Practicada en **China**, **Egipto** y **Micenas**, empezó a adoptar sus características básicas en la **antigua Grecia**. Como es natural, con el paso de los siglos ha cambiado mucho. La gimnasia artística que se practica hoy en día empezó a desarrollarse en **1896**, año de los primeros **Juegos Olímpicos** modernos. Se trata de un deporte que requiere una extraordinaria **fuerza física**, pero también **elegancia** y **compostura**: una combinación difícil, ¡aunque no imposible!

NÚMEROS Y MEDIDAS

- Caballo con arcos: 115 cm de alto, 160 cm de largo, 35 cm de ancho.
- Anillas: 18 cm de diámetro, a 275 cm del suelo, 50 cm de separación.
- Barra fija: 275 cm de alto, 240 cm de ancho, 28 mm de diámetro.
- Barras paralelas: 350 cm de largo, a 200 cm del suelo, 42-52 cm de separación.
- Barras asimétricas: 240 cm de largo, 245 cm (barra superior) y 165 cm (barra inferior) de altura, 130-180 cm de diagonal entre barras.
- Barra de equilibrio: 125 cm de alto, 500 cm de largo, 10 cm de ancho.

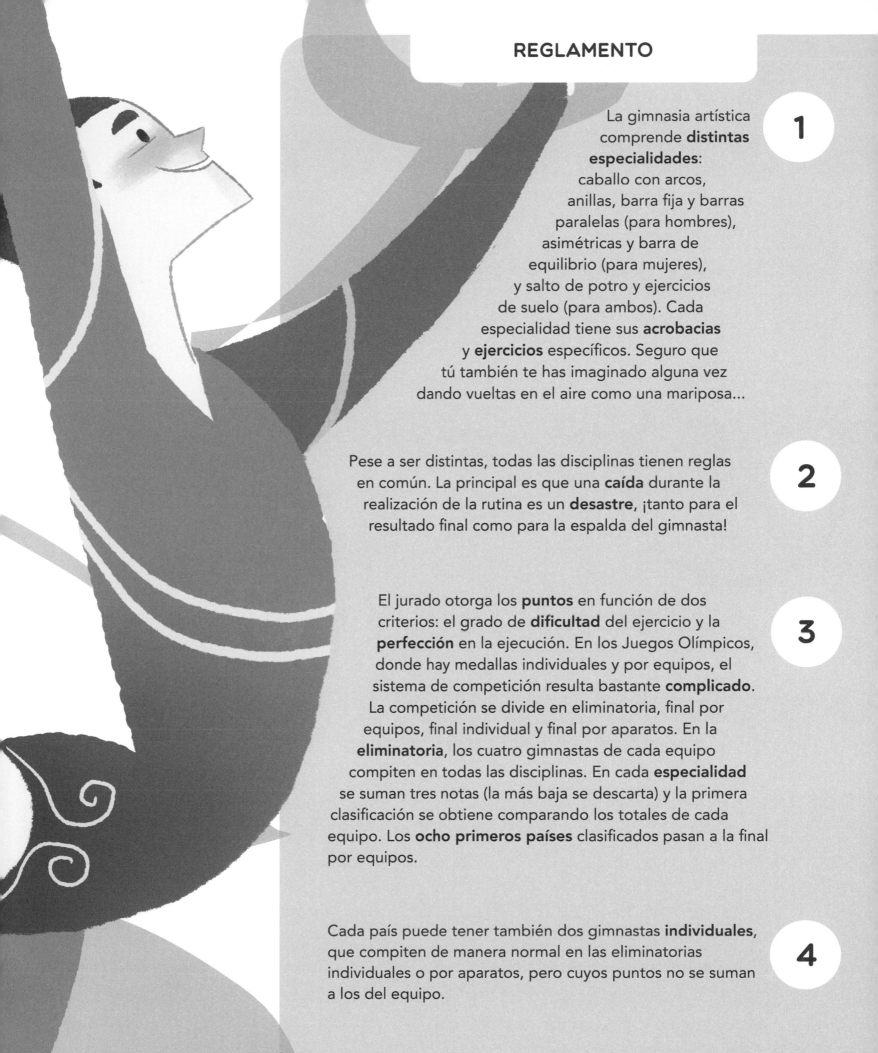

1

La gimnasia artística comprende **distintas especialidades**: caballo con arcos, anillas, barra fija y barras paralelas (para hombres), asimétricas y barra de equilibrio (para mujeres), y salto de potro y ejercicios de suelo (para ambos). Cada especialidad tiene sus **acrobacias** y **ejercicios** específicos. Seguro que tú también te has imaginado alguna vez dando vueltas en el aire como una mariposa...

2

Pese a ser distintas, todas las disciplinas tienen reglas en común. La principal es que una **caída** durante la realización de la rutina es un **desastre**, ¡tanto para el resultado final como para la espalda del gimnasta!

3

El jurado otorga los **puntos** en función de dos criterios: el grado de **dificultad** del ejercicio y la **perfección** en la ejecución. En los Juegos Olímpicos, donde hay medallas individuales y por equipos, el sistema de competición resulta bastante **complicado**. La competición se divide en eliminatoria, final por equipos, final individual y final por aparatos. En la **eliminatoria**, los cuatro gimnastas de cada equipo compiten en todas las disciplinas. En cada **especialidad** se suman tres notas (la más baja se descarta) y la primera clasificación se obtiene comparando los totales de cada equipo. Los **ocho primeros países** clasificados pasan a la final por equipos.

4

Cada país puede tener también dos gimnastas **individuales**, que compiten de manera normal en las eliminatorias individuales o por aparatos, pero cuyos puntos no se suman a los del equipo.

CURIOSIDADES

La **concentración** debe ser máxima durante el ejercicio. Tanto es así que los entrenadores y los miembros del equipo **no pueden animar** a sus gimnastas durante la **rutina** (el conjunto de ejercicios que ha preparado para la prueba), so pena de **amonestación**. Sin embargo, ¡esta prohibición no siempre se respeta!

Actualmente, para el **salto de potro** se utiliza un **aparato** diseñado tras los Juegos Olímpicos de 2000. El anterior era tan **peligroso** que provocó más de un accidente.

Habrás visto que los atletas se cubren las manos con un **polvo de color blanco** antes de salir a hacer el ejercicio. ¿Nunca te has preguntado por qué? Es **magnesio** y sirve para que **las manos no resbalen** al aferrarse al aparato.

¡Cuidado con confundir **gimnasia artística** y **gimnasia rítmica**! Aunque ambas requieren destreza y armonía, son **deportes diferentes** en los que se usan **elementos** y métodos de **entrenamiento** distintos.

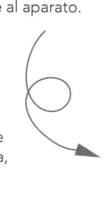

SALÓN DE LA FAMA

LARISA SEMËNOVNA LATYNINA (1934)

Es la mujer con más medallas olímpicas de la historia: ¡18! En todas las competiciones en que participó, ganó al menos una medalla. Luego se hizo **entrenadora** y actualmente disfruta de una merecida jubilación tras toda una vida entregada al deporte.

ALEKSANDR NIKOLAEVIČ DITYATIN (1957)

Hay gimnastas que se especializan en un aparato y otros que buscan brillar en **todos**. Dityatin es de estos últimos. En las **Olimpiadas de 1980** obtuvo **7 medallas individuales** (2 oros, 4 platas y 1 bronce), récord **individual** en unos mismos juegos y solo igualado por el nadador Michael Phelps en 2008.

NADIA COMĂNECI (1961)

Toda una **leyenda**. En los Juegos Olímpicos de Montreal de 1976, con solo catorce años, obtuvo el primer **diez** de la historia de la gimnasia artística. Antes de cumplir veinte años, había ganado **5 oros**, **3 platas** y **1 bronce**, ya fuera con su equipo de compañeras rumanas o en la categoría individual.

JURY CHECHI (1969)

El «**Señor de las Anillas**»: he aquí el sobrenombre que se ha ganado este atleta italiano. Fue el primero en ganar **5 oros** consecutivos en una misma **especialidad** y quedó primero en Atlanta 1996 y tercero en Atenas 2004, con treinta y cinco años: todo un ejemplo de perseverancia.

SIMONE BILES (1997)

Pese a medir apenas 1,42 m, Biles es un dechado de **potencia** y **agilidad**. Con solo veintiún años, tiene **25 medallas** en campeonatos mundiales y olímpicos, un **movimiento que lleva su nombre** y una determinación que la ha convertido en ídolo de masas. ¿Cuántos podios le esperan todavía?

10. ATLETISMO

Este es el deporte por excelencia y el más **clásico** de todos. Las primeras carreras se remontan a la *Ilíada* y la *Odisea*, donde los héroes se desafían para ver quién es el más ágil y fuerte. El atletismo es una etiqueta bajo la cual se agrupan numerosas especialidades cuyo elemento en común es el duro entrenamiento necesario para alcanzar el nivel olímpico. Algunas de estas **disciplinas** (así se denominan las especialidades) han variado, otras se han **modernizado** y su inclusión en los Juegos Olímpicos modernos las ha hecho evolucionar, pero el resultado final no cambia: cuando un atleta se acerca a la meta, la emoción sigue siendo tremenda.

NÚMEROS Y MEDIDAS

- La pista de atletismo debe disponer de al menos 8 carriles de 122 cm de ancho cada uno.
- El recinto de la competición debe contar con zonas para los saltos de longitud y altura, los lanzamientos de jabalina, peso, disco y martillo (estos últimos pueden realizarse desde la misma plataforma o desde zonas distintas), y una ría, es decir, el foso de agua para las carreras de obstáculos.

REGLAMENTO

1 Las pruebas de atletismo se dividen en cuatro categorías: **carreras** (de velocidad y fondo), **saltos** (con o sin pértiga), **lanzamientos** y **pruebas combinadas**. El número total de disciplinas olímpicas es de 24.

2 Las carreras representan el núcleo del atletismo. Existen **15 tipos** distintos, que se dividen según los metros: en terreno liso y sin obstáculos, los atletas corren 100, 200 y 400 m (pruebas de **velocidad**); 800, 1500 y 5000 m (**medio fondo**); y 10 000 m, maratón, 20 y 50 km marcha (**fondo**). También hay competiciones de **vallas** (110 y 400 m, más los 3000 m obstáculos) y de **relevos** (4 × 100 m y 4 × 400 m). ¡La de kilómetros y kilómetros que se recorren en cada Olimpiada!

3 Veamos algunas de las reglas de las carreras: lo principal es no cometer **salidas nulas** (salir antes de que suene la pistola), ya que suponen la **descalificación inmediata**. En 200 y 400 m, carreras que incluyen **curvas**, los carriles exteriores empiezan más adelante que los interiores para que todos los atletas recorran la misma distancia. En las pruebas de vallas, hay que saltar **10 obstáculos**; derribar las vallas no se sanciona, ya que la pérdida de tiempo que supone es penalización suficiente. En relevos, el **testigo** (el pequeño tubo que los miembros del equipo deben pasarse entre sí) solo puede cambiar de manos en la **zona de transferencia**, de apenas 20 m.

4 En **salto de longitud**, los atletas deben saltar desde la **tabla de batida**, la línea que separa la pista de aceleración de la **fosa de arena** donde se aterriza. Cada atleta dispone de **tres saltos**, de los que, obviamente, solo cuenta el mejor.

5 En **salto de altura** y **salto con pértiga**, el objetivo consiste en superar, sin derribarla, una **barra horizontal** colocada entre dos postes. En cada turno, la barra sube de altura. Cada atleta dispone de **tres intentos** por turno.

6 Llegamos a las pruebas de **lanzamiento**, que tienen lugar en un **círculo** de 2,5 m de diámetro (excepto la jabalina, que cuenta con su propia zona de lanzamiento). El objeto lanzado (**peso**, **disco**, **jabalina** o **martillo**) debe aterrizar dentro de un sector marcado con líneas. Si el lanzamiento cae fuera de dicho sector, se considera inválido. Es obligado, además, que la jabalina caiga con la punta delantera hacia abajo.

7 El **decatlón** es una prueba **combinada**. Como su nombre (de raíz griega) indica, incluye **diez disciplinas**: 100 m lisos, salto de longitud, peso, salto de altura, 400 m lisos, 110 m vallas, disco, pértiga, jabalina y 1500 m. ¡Y todo en solo dos días! ¿No te cansas solo con pensarlo?

CURIOSIDADES

Estados Unidos ha ganado más medallas olímpicas en estas disciplinas que ningún otro país. Y con mucha diferencia: hasta **Río 2016**, había obtenido **¡799 medallas!** Y, sin duda, en Tokio 2020 superará las 800. **Gran Bretaña** le sigue en segundo lugar, con «solo» **201 medallas**.

1.ª POSICIÓN:
ESTADOS UNIDOS

No obstante, al haber tantas disciplinas, todo el mundo tiene opciones a llevarse a casa **como mínimo una medalla**. De hecho, hay **96 países** (incluidos algunos que ya no existen) que poseen al menos una.

2.ª POSICIÓN:
GRAN BRETAÑA

¿Qué pinta una **liebre** en medio de la pista? No, no estamos hablando del animal de orejas largas, sino de un tipo de atleta muy concreto. Las liebres se encargan de marcar el paso durante la primera parte de las carreras de **fondo** y **medio fondo**, con el fin de que los corredores no se desgasten enseguida y los campeones puedan lograr buenos tiempos. Además, así se evitan carreras excesivamente tácticas.

Cuando hablamos de lanzar el **martillo** no queremos decir que los atletas vayan arrojando herramientas de esas que empleamos para golpear los clavos. Se trata de un objeto inspirado en los martillos que los herreros utilizaban cuando nació esta prueba. Sin embargo, en los **Juegos de las Tierras Altas de Escocia** siguen usándose martillos de verdad.

Quizá te hayas preguntado quién se inventó lo de los **3000 m obstáculos**. La idea, algo estrambótica, surgió en **1850** de unos **estudiantes de Oxford** que pensaron que podía ser interesante organizar una carrera de 3 km con **35 obstáculos**: 28 vallas normales y otras 7 seguidas de una fosa de agua.

SALÓN DE LA FAMA

Jesse Owens (1913-1980)

En una época en que el **color de la piel** todavía era motivo de discriminación, Owens ganó **4 oros** en las **Olimpiadas de Berlín de 1936** (100 y 200 m, longitud y 4×100 m relevos) y se convirtió en un ídolo de masas. Su coraje y sus hazañas le aseguraron un lugar en el corazón de la afición como **símbolo** del deporte y los derechos civiles.

Fanny Blankers-Koen (1918-2004)

De joven, a esta atleta neerlandesa le gustaban tantos deportes que no sabía en cuál especializarse. Siguiendo el consejo de su entrenador, se decantó por el **atletismo** ¡y la jugada le salió bien! La llamaban «**el Ama de Casa Voladora**» porque tenía dos hijos y seguía compitiendo.

Emil Zátopek (1922-2000)

Hay atletas a los que se recuerda por **detalles graciosos**. Zátopek, por ejemplo, corría recto y a velocidad constante, como si fuera un tren, por eso lo llamaban la «**Locomotora Humana**» (¡hasta resoplaba igual!). El año **1952** logró una proeza en **Helsinki**: tras haber corrido (y vencido) en 5000 y 10000 m decidió participar en la **maratón**... ¡y ganó!

Pietro Mennea (1952-2013)

La «**Flecha del Sur**»: velocista especializado en **200 m**, distancia en la que logró rebajar varias veces la barrera de los 20 segundos y fijar el **récord mundial** en **19.72 segundos**. Su marca resistiría los asaltos de otros atletas durante diecisiete años. ¡Un **récord** extraordinario!

Javier Sotomayor (1967)

Este atleta empezó a destacar como saltador ya desde muy joven. Su nombre pasó a la posteridad porque logró superar los 2,40 m en **salto de altura** en **21 ocasiones**, ¡más que ningún otro atleta!

J. A. García Bragado (1969)

Los **marchadores** se distinguen por la **perseverancia**, y este español desde luego la tiene: posee el récord de participación en **campeonatos mundiales** (12 ediciones) y puede presumir de haber participado en **siete Juegos Olímpicos** seguidos, desde Barcelona 1992 hasta Río 2016. ¡Este es el resultado cuando uno no se rinde!

Yelena Isinbayeva (1982)

Empezó practicando **gimnasia artística**, pero era **demasiado alta**, así que decidió dedicarse a una disciplina que acababa de abrirse a las mujeres: el **salto con pértiga**. Aquello marcó un antes y un después. Con **3 oros** olímpicos, **4 campeonatos del mundo** y un récord de **5,01 m**, podemos decir que, gracias a ella, el atletismo dio un salto cualitativo.

Allyson Michelle Felix (1985)

En el instituto era tan alta y esbelta que sus compañeras de equipo la llamaban «Patas de Pollo». Lo hacían con respeto y no sin admiración, pues, a pesar de su delgadez, era **la que más corría**. Y, ciertamente, tenía un gran futuro por delante: hoy en día es la mujer con más medallas olímpicas en su haber (6).

Usain Bolt (1986)

Conocido como el «**Rayo**», sus récords han dejado huella en las pistas y lo han convertido en el mejor velocista de la historia. Su marca en **100 m** está en **9.58 segundos**, y desde 2009 no ha habido quien la haya superado. No satisfecho con ello, el jamaicano batió también el récord en **200 m (19.19 segundos)** y ayudó a su país a ganar los relevos de 4 × 400 m.

Ashton Eaton (1988)

¿A qué puede dedicarse un joven rebosante de entusiasmo y energía, si no es al decatlón? Eaton no solo se impuso en los **Juegos Olímpicos de 2012**, sino que lo hizo con resultados equiparables a los de los especialistas en cada una de las disciplinas.

11. ESQUÍ

Cuando hablamos de esquí, automáticamente pensamos en el **invierno**, las **montañas** y un **paisaje nevado** (y en chocolate caliente y muñecos de nieve...). ¿Estás a punto para ponerte los calcetines gruesos y los guantes y subir en telesilla hasta la cumbre?

NÚMEROS Y MEDIDAS

• La medida de los esquíes varía en función de la altura y el peso del atleta. En el esquí de fondo, la longitud mínima es igual a la altura del esquiador más 10 cm, y la longitud máxima, 230 cm.
• Las competiciones de esquí de fondo son de 10, 15, 30 y 50 km para los hombres y de 5, 10, 15 y 30 km para las mujeres.

El **esquí alpino** consiste en descender por una pendiente nevada con un par de esquíes totalmente fijados a las botas. Existen varias **especialidades**:

1

Descenso: una verdadera prueba de velocidad en la que los participantes, de uno en uno, compiten por llegar abajo en el menor tiempo posible.

Eslalon y eslalon gigante: ambas pruebas consisten en pasar por una serie de puertas situadas a lo largo de la pista; en el gigante, los giros son más cerrados y difíciles.

Supergigante: mezcla de descenso y eslalon; una de las especialidades más rápidas y complejas.

Paralelo: un eslalon gigante en el que dos esquiadores compiten a la vez en pistas paralelas.

Combinada alpina: comprende un prueba de velocidad (generalmente un descenso) y otra de técnica (generalmente un eslalon). El resultado depende de la suma de los tiempos registrados en cada prueba.

Todas las pruebas se desarrollan en pendientes muy pronunciadas, en las que los participantes alcanzan grandes velocidades.

2

El **esquí nórdico** comprende varias disciplinas en las que el talón de la bota no está fijado al esquí: **esquí de fondo**, **biatlón**, **salto**, **combinada nórdica**, **travesía**, **esquí de orientación**, **esquí-arco** y **telemark**. En la mayoría de los casos, las rutas combinan tramos largos y lisos con subidas y bajadas por pendientes con distinto grado de inclinación.

3

El **esquí artístico** o acrobático introdujo los saltos, los obstáculos y las rutinas coreografiadas en el esquí alpino. La **Federación Internacional de Esquí** lo reconoció como deporte en 1979. ¡Solo para los más valientes!

4

El *snowboard* o **surf de nieve** nació en **Estados Unidos** en la década de 1960 y consiste en esquiar con una tabla que se fija a ambos pies. Ganó **popularidad** muy rápidamente y desde 1998 es una **disciplina olímpica** independiente.

CURIOSIDADES

Entre las distintas **disciplinas del esquí**, hay una muy peculiar: el esquí-alpinismo. Se practica en montañas **fuera de pista** y requiere el uso de unos esquíes especiales y de **pieles de foca**, que facilitan la adherencia del esquí tanto en subida como en bajada. Quienes practican esta disciplina deben enfrentarse a tramos de hielo y roca en los que tienen que echarse los esquíes a la espalda y utilizar crampones, cuerdas y clavos.

El **esquí de velocidad** o kilómetro lanzado es la disciplina en la que se alcanzan las velocidades más elevadas. Consiste en descender por una **pendiente muy pronunciada**; la velocidad se registra en la parte inferior de la pista, a lo largo de un tramo de **100 m**. Verlo pone los pelos de punta... ¡y no solo por el frío!

250 km/h

Antes de convertirse en deporte, los esquíes eran probablemente el **medio de transporte más antiguo** inventado por el ser humano. En Siberia, Escandinavia y Laponia se han encontrado fósiles que indican que los primeros esquíes podrían datarse en torno al año **2500 a. C.** En Suecia incluso se han recuperado unos en perfectas condiciones, y en **Rødøy** (Noruega) hay un petroglifo del **2000 a. C.** en el que se ve a una figura humana con un par de esquíes o un trineo reducido a la mínima expresión.

No todos los esquíes tienen la misma longitud: los más cortos son los llamados *bigfoot*, y los más largos, que a veces pueden superar la altura del propio esquiador, son los que se usan para el **salto de esquí**.

SALÓN DE LA FAMA

JEAN-CLAUDE KILLY (1943)

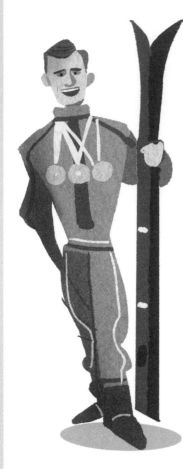

Primer esquiador en imponerse en todas las disciplinas de la **Copa del Mundo** y segundo en ganar **3 oros** en una misma Olimpiada, Killy es el atleta más condecorado en la historia de los **Juegos Olímpicos de Invierno**. Sin embargo, como no se conformaba con ser buen esquiador, ¡también quiso ser piloto de carreras y **actor**!

ANNEMARIE MOSER-PRÖLL (1953)

Una de las mejores esquiadoras de todos los tiempos. Fue abanderada de Austria en los **Juegos Olímpicos de Invierno de 1980**, donde obtuvo el oro en descenso y combinada. Además, ha ganado **6 Campeonatos Mundiales** y ha subido al podio en todas las pruebas de esquí alpino.

FRANZ KLAMMER (1953)

Este campeón austríaco —alias «**Káiser Franz**»— está considerado el mejor especialista en **descenso** de la historia. En esta disciplina ha ganado **1 oro olímpico** y **5 Campeonatos Mundiales**.

INGEMAR STENMARK (1956)

Para muchos, este atleta sueco es el mejor esquiador de la historia. Tiene en su haber **86 Copas del Mundo** (ganadas entre 1974 y 1989), lo que lo convierte en el esquiador más condecorado en la historia del esquí alpino. Además, posee **2 títulos olímpicos**, **5 Campeonatos Mundiales**, **3 Copas del Mundo** generales y **15** de especialidad. ¡Incluso hay un asteroide que lleva su nombre!

ALBERTO TOMBA (1966)

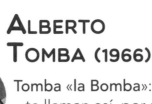

Tomba «la Bomba»: ¡cuando te llaman así, por algo será! Ganador de **50** (sí, ¡50!) **títulos de Copa del Mundo**, **2 oros olímpicos** en **eslalon gigante** y **1** en **eslalon**, más otras varias decenas de trofeos. ¡Una barbaridad!

BJØRN ERLEND DÆHLIE (1967)

Antiguo **esquiador de fondo**. Ganó **9 medallas de oro** en Campeonatos Mundiales, **8 medallas olímpicas** y **6 Globos de Cristal**. En Noruega, su tierra natal, es una auténtica leyenda.

BODE MILLER (1977)

Este exesquiador estadounidense pasó la infancia con sus padres *hippies* en una casa sin electricidad ni agua corriente. Tras formarse en una **escuela de esquí profesional gracias a una beca**, obtuvo sus primeros éxitos en los **Juegos Olímpicos de Salt Lake City** de 2002, donde compitió en eslalon y combinada. A partir de entonces, su carrera despegó y se convirtió en uno de los cinco esquiadores que han ganado al menos una vez en **todas las disciplinas alpinas**.

LINDSEY VONN (1984)

Esta norteamericana es la esquiadora con más victorias en Campeonatos Mundiales en **modalidad alpina**. Además, posee **1 oro olímpico**, **2 medallas de oro en Campeonatos Mundiales**, **4 títulos de Copa del Mundo** generales y 16 de especialidad.

MARCEL HIRSCHER (1989)

Nacido en Austria, Hirscher es un esquiador experto en **eslalon** y **eslalon gigante**. Posee **2 títulos olímpicos** (ganados en Pieonchang 2018), **4 títulos individuales** y **2 títulos mundiales** por equipos. Y no solo eso: también ha ganado **3 Campeonatos Mundiales Junior**, **7 Copas del Mundo consecutivas** y **10 títulos de disciplina** (5 en eslalon y 5 en eslalon gigante). ¡Vamos, que no es fácil seguirle el ritmo!

12. ESGRIMA

¿Te imaginas a dos caballeros de reluciente armadura desafiándose a un **duelo** a espada? En el pasado, cuando la esgrima era un arte marcial a todos los efectos, estas cosas ocurrían; sin embargo, actualmente es un deporte que puede practicarse sin miedo a salir malherido. La introducción de la esgrima como deporte comenzó en el **siglo XVII**, cuando los maestros italianos empezaron a dar clases a **aristócratas** de todo el mundo. En **1896** formó parte de los primeros **Juegos Olímpicos** modernos y, hoy en día, aficionados del mundo entero combaten hasta la última estocada en cualquiera de sus modalidades (**florete**, **espada** y **sable**).

NÚMEROS Y MEDIDAS

• Florete: hoja de 85, 88 o 90 cm de largo y 500 g de peso.
• Espada: hoja de 80, 85 o 90 cm de largo y 770 g de peso.
• Sable: hoja de 85 u 88 cm de largo y 500 g de peso.

REGLAMENTO

1 Las tres armas de la esgrima son el **florete**, la **espada** y el **sable**. Cada una tiene sus movimientos y reglas (sobre todo en lo que se refiere a las partes del cuerpo a las que se puede atacar), pero el objetivo final es el mismo: **tocar** al adversario para ganar puntos. Quien anota más puntos gana.

2 El **florete** es un arma que se creó para entrenar, por eso es la única que nunca se ha utilizado en duelos ni en el campo de batalla. Su finísima punta se utilizaba para **practicar** tocados precisos y letales. Por eso la zona de tocado en competiciones de florete es muy restringida: se limita al **torso** (entre el cuello y la cintura), sin contar los brazos. Solo se puede tocar con la punta y, además, hay que respetar la **prioridad**: el atacante tiene prioridad sobre el atacado, que solo puede contraatacar cuando ha parado el asalto del rival. Todo está muy coreografiado, como si fuera un ballet... aunque con algún que otro morado.

3 El **sable** es una evolución de las armas que empleaban los **caballeros**, por eso la zona de tocado es más amplia y comprende toda la **parte superior del cuerpo**, incluidos los brazos y la cabeza. Se puede tocar con la punta o con el filo (el borde de la hoja). En esta especialidad también rige la prioridad, así que hay que ser **rápido y atacar primero**.

4 La **espada** es el arma que más se parece a las que se usaban en el pasado. Solo se puede tocar con la punta —como en el florete—, solo que aquí **no hay prioridad** y puede atacarse a cualquier parte del cuerpo, desde la cabeza hasta los pies. Es la única especialidad en la que puede haber ataques simultáneos. Cuando esto ocurre, se señala un **tocado doble** y ambos tiradores obtienen un punto.

CURIOSIDADES

Cada arma tiene un tipo de **mango** específico que determina el modo de empuñarla. Hay mangos **franceses**, **alemanes**, **italianos** y hasta mangos **anatómicos** que se agarran como una pistola. De esta parte depende el grado de control que tendrá el tirador sobre su arma.

Como en todos los deportes, hay países que, por historia y tradición, son mejores que otros. Las principales escuelas de esgrima se encuentran en **Italia** —de hecho, fueron los maestros italianos quienes popularizaron la técnica en todo el mundo— y en **Francia**. Estos son también los países con más medallas olímpicas: Italia tiene **125** y Francia **118**.

ITALIA

FRANCIA

Los tiradores visten de **blanco**. ¿Por qué? Es una costumbre que viene de la época de los duelos con espadas reales y muy afiladas, donde se combatía a **primera sangre**, es decir, que el duelo terminaba en cuanto se producía la primera herida de la que manara un poco de sangre. Por suerte, los uniformes actuales no se manchan y los tocados se detectan mediante **sensores eléctricos**.

SALÓN DE LA FAMA

ROGER DUCRET (1888–1962)

Este campeón francés logró una auténtica proeza: ¡ganó medallas en las **tres especialidades** de la esgrima! Se trata de una hazaña solo al alcance de los mejores, ya que cada arma tiene su **técnica** y dominarla es sumamente **difícil**. Entre oros, platas y bronces, sigue siendo uno de los atletas franceses más condecorados de la historia.

ALADÁR GEREVICH (1910–1991)

Este tirador húngaro es el ejemplo perfecto de qué significa tener **una larga carrera**. Participó en seis ediciones de los **Juegos Olímpicos** y ganó en todas. Entre 1932 y 1960, Gerevich fue sinónimo de **esgrima**.

VALENTINA VEZZALI (1974)

Considerada la mejor tiradora de todos los tiempos, ganó **tres oros olímpicos** y **11 campeonatos mundiales**. Vezzali dejó huella en la historia del **florete**, disciplina con la que obtuvo el **oro** en tres ediciones consecutivas de los **Juegos Olímpicos**. Además, fue una excelente maestra para sus compañeras de equipo. ¡Una campeona en todos los sentidos!

13. HOCKEY SOBRE HIELO

¿Todo a punto para deslizarte sobre el hielo y meter gol? El hockey es un juego basado en el **equilibrio** (para poder moverse a toda velocidad sobre el hielo sin caerse) y la **fuerza** (para no dejarse robar el disco o **pastilla** y abrirse paso hasta la portería rival). Aunque nació y se desarrolló en países de climas fríos, donde abundan las superficies heladas, hoy en día se juega en todo el mundo gracias a la tecnología, que permite construir pistas de hielo en cualquier parte. ¿Nos ponemos el **casco** y lanzamos unos tiros?

NÚMEROS Y MEDIDAS

- El hockey se juega en una pista de hielo rectangular de 56-61 × 26-30 m.
- La pista está separada de la grada por una barrera de plexiglás que protege a los espectadores. Las porterías miden 122 cm de alto y 183 cm de ancho.
- Dos líneas azules dividen la pista en tres zonas de igual tamaño: la zona de ataque, la neutral y la de defensa.
- Una línea central divide a su vez la zona neutral en dos.
- A los lados de la zona neutral se encuentran los banquillos de reservas y los de sancionados.

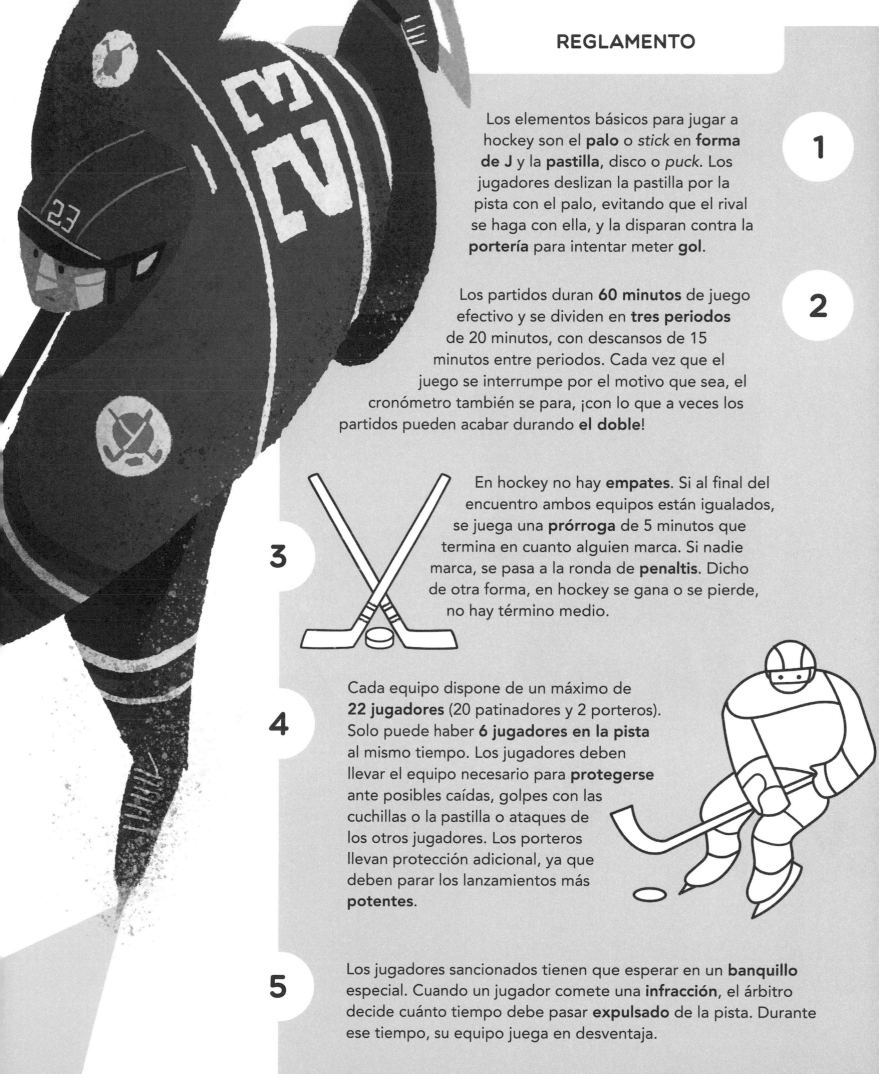

REGLAMENTO

1 Los elementos básicos para jugar a hockey son el **palo** o *stick* en **forma de J** y la **pastilla**, disco o *puck*. Los jugadores deslizan la pastilla por la pista con el palo, evitando que el rival se haga con ella, y la disparan contra la **portería** para intentar meter **gol**.

2 Los partidos duran **60 minutos** de juego efectivo y se dividen en **tres periodos** de 20 minutos, con descansos de 15 minutos entre periodos. Cada vez que el juego se interrumpe por el motivo que sea, el cronómetro también se para, ¡con lo que a veces los partidos pueden acabar durando **el doble**!

3 En hockey no hay **empates**. Si al final del encuentro ambos equipos están igualados, se juega una **prórroga** de 5 minutos que termina en cuanto alguien marca. Si nadie marca, se pasa a la ronda de **penaltis**. Dicho de otra forma, en hockey se gana o se pierde, no hay término medio.

4 Cada equipo dispone de un máximo de **22 jugadores** (20 patinadores y 2 porteros). Solo puede haber **6 jugadores en la pista** al mismo tiempo. Los jugadores deben llevar el equipo necesario para **protegerse** ante posibles caídas, golpes con las cuchillas o la pastilla o ataques de los otros jugadores. Los porteros llevan protección adicional, ya que deben parar los lanzamientos más **potentes**.

5 Los jugadores sancionados tienen que esperar en un **banquillo** especial. Cuando un jugador comete una **infracción**, el árbitro decide cuánto tiempo debe pasar **expulsado** de la pista. Durante ese tiempo, su equipo juega en desventaja.

CURIOSIDADES

El hockey sobre hielo se convirtió en un deporte regulado hacia finales del **siglo XIX**, aunque desde el **siglo XVII** han existido juegos consistentes en deslizar un objeto por el hielo con la ayuda de un palo curvo. ¿Cómo lo sabemos? ¡Porque aparece en los cuadros de temas rurales de los **pintores flamencos**!

El hockey sobre hielo es el deporte nacional de **Canadá**, que es el país que posee más títulos: **26 campeonatos mundiales** y **9 oros olímpicos**. Sin embargo, en las últimas décadas, **Rusia** y **Suecia** les están haciendo sudar la gota gorda a los canadienses.

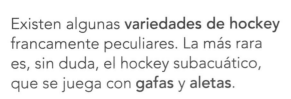

Existen algunas **variedades de hockey** francamente peculiares. La más rara es, sin duda, el hockey subacuático, que se juega con **gafas** y **aletas**.

SALÓN DE LA FAMA

Bobby Orr (1948)

Este jugador revolucionó el papel de la defensa gracias a su agilidad sobre los **patines** y su habilidad para dar asistencias y **anotar goles**. En lugar de mantener una defensa cerrada, como era la costumbre hasta entonces, Orr adelantaba la línea defensiva. Su carrera terminó por culpa de una **lesión** de rodilla y actualmente es representante de jugadores.

Wayne Gretzky (1961)

Este canadiense es, sin duda, el **mejor jugador de todos los tiempos**. Anotó **2857 goles** (récord aún vigente), con un mínimo de 100 goles por temporada en 14 temporadas consecutivas. Actualmente, es **propietario** de los Coyotes de Phoenix. Como jugador, destacó por su instinto para anticiparse a la pastilla. Debido a su costumbre de situarse tras la portería contraria a la espera de un buen pase, los aficionados acabaron llamando **la oficina de Gretzky** a esa zona de la pista.

14. FÚTBOL AMERICANO

A pesar del **nombre**, poco tiene que ver este fútbol con el que todos conocemos. En **Estados Unidos**, de donde es originario, se le conoce simplemente como *football*, en el **Reino Unido** lo llaman *American football* y en el resto de los países de habla inglesa, *gridiron football*. En cualquier caso, nos referimos a ese deporte de equipo que se juega con una **pelota ovalada** y unas **protecciones** que hacen que los jugadores parezcan astronautas.

NÚMEROS Y MEDIDAS

- El terreno de juego mide 100 yardas (91,44 m), más las dos zonas de anotación, de 10 yardas cada una (9,14 m). En total, 120 × 53,33 yardas. La parte central del terreno de juego presenta una serie de líneas que recorren todo el campo y expresan la longitud en yardas.
- La superficie puede ser de césped natural o artificial.
- Las porterías, en forma de Y, se encuentran en ambos extremos del campo y se utilizan para los puntos extra y los goles de campo. La altura del larguero es de 3,05 m y la separación entre los postes, de 5,66 m. La altura mínima de los postes laterales es de 6,10 m.

REGLAMENTO

1 Los partidos se juegan entre dos equipos de **11 jugadores**. Duran **60 minutos**, repartidos en cuatro cuartos de **15 minutos**, con una pausa de otros 15 minutos entre el segundo y el tercer cuarto.

2 El objetivo consiste en **ganar territorio** avanzando por el terreno de juego hasta que un jugador llega con la pelota a la **zona de anotación** del equipo rival y anota el famoso *touchdown*.

3 Los *quarterbacks* tienen un papel fundamental. Con sus impresionantes **pases** (espectaculares incluso vistos por televisión) tratan de hacer llegar la pelota a los compañeros que corren hacia la zona de anotación.

4 El equipo atacante dispone de 4 **intentos** (*downs*) para avanzar al menos 10 yardas. En cada intento solo se puede realizar **un pase hacia el otro lado de la línea de *scrimmage*** (la línea imaginaria que separa a ambos equipos al inicio de cada jugada), mientras que para hacer pases hacia atrás no hay límites.

5 El equipo que anota un *touchdown* obtiene **6 puntos** y tiene derecho a **1 punto extra** si hace pasar el balón **entre los palos** de un chute o **2 puntos extra** si consigue que alguno de sus compañeros de equipo llegue con él a la **zona de anotación**.

6 Después de un *touchdown*, el partido se reanuda con un **chute** del equipo que ha anotado. El equipo que ha encajado el *touchdown* recibe así la pelota y emprende el **ataque**.

CURIOSIDADES

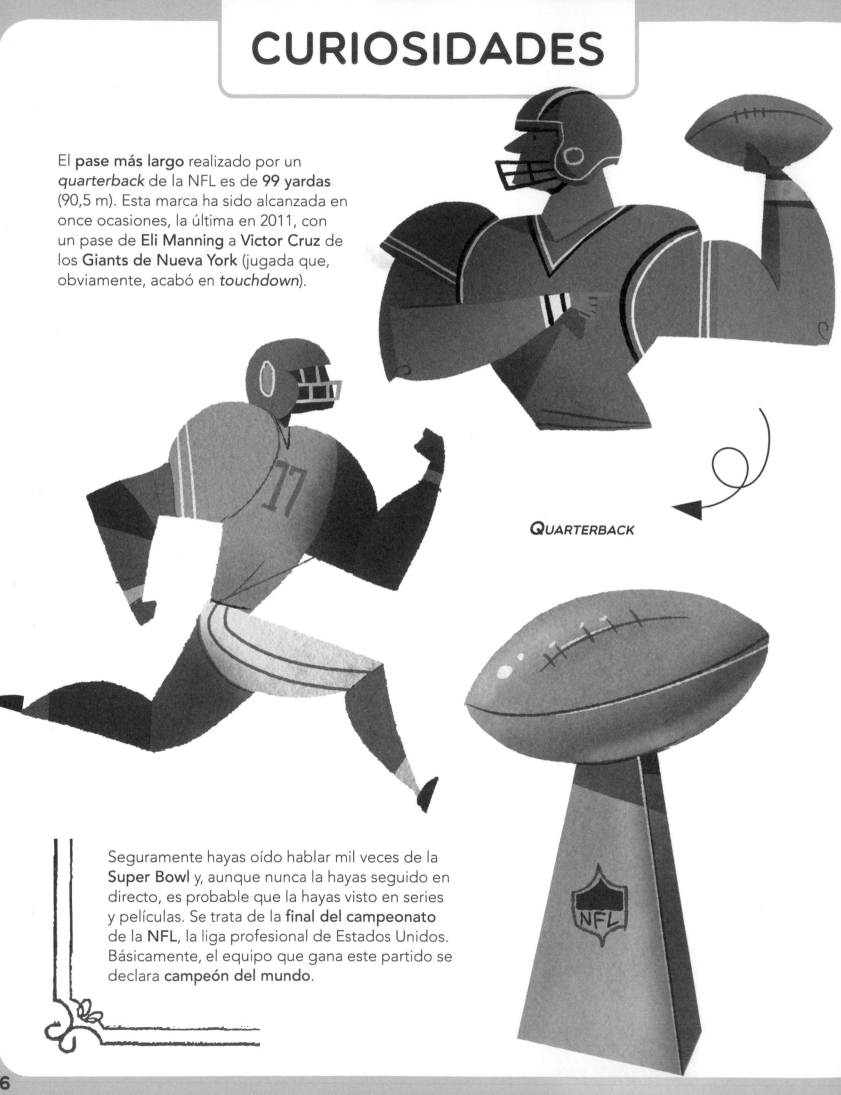

El **pase más largo** realizado por un *quarterback* de la NFL es de **99 yardas** (90,5 m). Esta marca ha sido alcanzada en once ocasiones, la última en 2011, con un pase de **Eli Manning** a **Victor Cruz** de los **Giants de Nueva York** (jugada que, obviamente, acabó en *touchdown*).

Quarterback

Seguramente hayas oído hablar mil veces de la **Super Bowl** y, aunque nunca la hayas seguido en directo, es probable que la hayas visto en series y películas. Se trata de la **final del campeonato** de la **NFL**, la liga profesional de Estados Unidos. Básicamente, el equipo que gana este partido se declara **campeón del mundo**.

Desde la década de 1970, el fútbol americano es, junto con el béisbol, el deporte profesional más popular de **Estados Unidos**. ¡La media de público está en casi **70 000 espectadores** por partido!

Dado que se trata de un deporte de **alto impacto**, las lesiones son frecuentes. En 1905, cuando las reglas todavía no estaban del todo definidas y las protecciones no eran tan eficaces, **murieron 18 jugadores** y otros **150 quedaron heridos de gravedad** en una sola temporada.

SALÓN DE LA FAMA

JIM BROWN (1936)

Fue **corredor** (*running back*) de los **Cleveland Browns** entre 1957 y 1965, y está considerado uno de los mejores jugadores de la historia. Sus habilidades atléticas (no solo en fútbol americano, sino también en **baloncesto, béisbol, lacrosse** y **atletismo**) fueron evidentes desde que iba al instituto. De hecho, es uno de los pocos jugadores que forma parte del **Salón de la Fama del Fútbol Universitario** y el **Salón de la Fama del Lacrosse Universitario**. ¡A lo largo de su carrera anotó la friolera de **126** *touchdowns* y ganó **15 549 yardas**! Lo más extraordinario es que hizo todo esto antes de cumplir veintinueve años, edad a la que se retiró tras haber competido ocho temporadas.

WALTER PAYTON «SWEETNESS» (1954-1999)

Un jugador increíble y un ser humano excepcional (¡no por nada su apodo significa 'dulzura'!). Jugó como **corredor** de los **Chicago Bears** y batió **récords** en múltiples categorías: yardas corridas, *touchdowns*, yardas desde el *scrimmage*, yardas totales y muchas más. Era un jugador entregado en cuerpo y alma a su pasión que solo se perdió un partido, en 1975.

JOE MONTANA (1956)

Uno de los mejores *quarterbacks* de la **NFL** de todos los tiempos. En 1990, la revista *Sports Illustrated* lo eligió «deportista del año» y, diez años más tarde entró en el **Salón de la Fama del Fútbol Profesional**. Durante su carrera con los San Francisco 49ers, Montana realizó **2929 pases completos**, con un total de **35 142 yardas** y **244 *touchdowns***. Semejantes cifras justifican por sí solas que haya pasado a formar parte de la historia de este deporte.

EMMITT SMITH (1969)

Empezó como **corredor** en los **Dallas Cowboys** y terminó en un equipo igual de famoso, los **Arizona Cardinals**. Smith posee el récord de la NFL de yardas corridas en una temporada (¡18 355!), récord que hasta entonces estaba en manos de **Walter Payton**, su ídolo de juventud. Durante los años noventa, se convirtió en una leyenda al ganar **3 Super Bowls** con los Cardinals.

TOM BRADY (1977)

Fue el *quarterback* de los **Wolverines**, el equipo de la **Universidad de Míchigan** y más tarde pasó a ser titular de los **New England Patriots**, con los que ha jugado **9 Super Bowls**, ¡de las cuales ha ganado 6!

CONTENIDOS

El texto de este libro es obra de Marina Invernizzi, Silvia Cavenaghi y Camilla Pelizzoli, miembros de la agencia editorial Langue&Parole. Durante los últimos años, estos tres autores han llenado de contenido numerosos libros ilustrados y manuales, traduciéndolos de otras lenguas o bien creándolos desde cero.

ILUSTRACIONES

Luca Poli colabora de forma habitual con varias editoriales italianas de literatura infantil, y tiene experiencia como ilustrador y como diseñador gráfico en otros sectores como la publicidad o la animación. Nunca renuncia a experimentar con nuevos estilos artísticos. Para él, cada libro es una aventura…

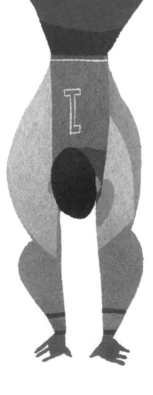

Diseño gráfico

VALENTINA FIGUS

VV Kids

La edición original de este libro ha sido creada y publicada por White Star, s.r.l. Piazzale Luigi Cadorna, 6. 20123 Milan-Italy. www.whitestar.it

White Star Kids® es una marca registrada propiedad de White Star s.r.l.
© 2019 White Star s.r.l.
© 2019 EDITORIAL VICENS VIVES, S.A. Sobre la presente edición.

Depósito Legal: B. 23.497-2019
ISBN: 978-84-682-7065-4
N° de Orden V.V.: NZ24

Traducción española de David Paradela.